MANUEL
DE GYMNASTIQUE

À L'USAGE

DES ÉCOLES PRIMAIRES ET SECONDAIRES

DE FILLES

ET DES ÉCOLES NORMALES PRIMAIRES

D'INSTITUTRICES.

MINISTÈRE
DE L'INSTRUCTION PUBLIQUE.

MANUEL
DE GYMNASTIQUE

À L'USAGE

DES ÉCOLES PRIMAIRES ET SECONDAIRES

DE FILLES

ET DES ÉCOLES NORMALES PRIMAIRES

D'INSTITUTRICES.

PARIS.
IMPRIMERIE NATIONALE.

1881.

MANUEL
DE GYMNASTIQUE (1)
À L'USAGE
DES ÉCOLES PRIMAIRES ET SECONDAIRES DE FILLES
ET DES ÉCOLES NORMALES PRIMAIRES D'INSTITUTRICES.

GYMNASTIQUE.

DIVISION DE L'ENSEIGNEMENT.

---

1. L'enseignement de la gymnastique est divisé en deux parties :

PREMIÈRE PARTIE. Gymnastique sans appareils.

DEUXIÈME PARTIE. Gymnastique avec appareils

---

(1) Le Manuel a été rédigé, suivant les instructions de M. le Ministre de l'instruction publique, par la Commission centrale de gymnastique et des exercices militaires.

Cette Commission est composée de :

MM. LE MINISTRE, *Président*;

ZÉVORT (G. O. ✻), directeur de l'enseignement secondaire, *Vice-Président*;

MM. Gréard (C. ✻), vice-recteur de l'Académie de Paris, *Vice-Président ;*

Du Bodan (✻), chef de bataillon au régiment des sapeurs-pompiers ;

Bonnal (✻), capitaine commandant l'École de gymnastique de Joinville-le-Pont ;

Buisson (O. ✻), directeur de l'enseignement primaire ;

Dally (✻), docteur en médecine, professeur à l'École d'anthropologie ;

Faure (✻), député, président de l'Union fédérale des sociétés de gymnastique de France ;

De Féraudy (O. ✻), lieutenant-colonel en retraite, inspecteur des exercices gymnastiques et militaires ;

Fery d'Esclauds (✻), avocat général à la Cour des Comptes ;

George, sénateur ;

Hillairet (O. ✻), membre de l'Académie de médecine ;

Laisné, inspecteur de la gymnastique de la ville de Paris ;

Le Bourgeois (✻), inspecteur général de l'instruction publique ;

Mourier (C. ✻), recteur et inspecteur général honoraire de l'instruction publique.

Ratomski (✻), lieutenant de vaisseau.

Tézenas (✻), député.

De Galembert, chef de bureau, *Secrétaire.*

PREMIÈRE PARTIE.

GYMNASTIQUE SANS APPAREILS.

2. La gymnastique sans appareils comprend les exercices suivants :

INSTRUCTIONS GÉNÉRALES (nos 4 à 11).

DE LA RESPIRATION DANS LES EXERCICES GYMNASTIQUES (nos 12 à 17).

DES ATTITUDES EN GÉNÉRAL (nos 18 à 20).

DES ATTITUDES SCOLAIRES (nos 21 à 25).

CHAPITRE PREMIER.

EXERCICES ÉLÉMENTAIRES.

ART. 1er. — Formation de la section (nos 26 à 28).

ART. 2. — Station régulière du corps (nos 29 à 31).

ART. 3. — 1° à droite, à gauche; 2° demi-à-droite, demi-à-gauche; 3° demi-tour à droite (nos 32 à 37).

ART. 4. — 1° pas accéléré; 2° marquez le pas; 3° changez le pas (nos 38 à 53).

ART. 5. — Principes d'alignements (nos 54 à 65).

ART. 6. — 1° Marche de flanc; 2° dédoubler et doubler les files en marchant; 3° arrêter la section; 4° changer de direction (nos 66 à 83).

ART. 7. — Ouvrir ou serrer les intervalles (nos 84 à 87).

CHAPITRE II.

COURSES OU PAS GYMNASTIQUE.

CHAPITRE III.

SAUTS.

CHAPITRE IV.

ÉQUILIBRES.

CHAPITRE V.

NATATION.

DEUXIÈME PARTIE.

GYMNASTIQUE AVEC APPAREILS.

3. La gymnastique avec appareils comprend les chapitres et exercices suivants :

CHAPITRE PREMIER.

EXERCICES ÉLÉMENTAIRES AVEC INSTRUMENTS.

Art. 1er. — Haltères (nos 172 et 173).
Art. 2. — Bâton (nos 174 à 190).
Art. 3. — Bâton ou canne à deux élèves (nos 191 à 199).

CHAPITRE II.

EXERCICES AUX AGRÈS.

Art. 1er. — Échelle de corde (n° 200).
Art. 2. — Échelles de bois, horizontale, inclinée et orthopédique (nos 201 à 214).
Art. 3. — Barres parallèles (nos 215 à 224.)

PREMIÈRE PARTIE.

GYMNASTIQUE SANS APPAREILS.

INSTRUCTIONS GÉNÉRALES.

4. Pour l'enseignement de cette première partie, le choix et le mode d'exécution des exercices demandent de la part du maître une attention toute particulière. Il doit, en principe, insister sur la répétition des mouvements : *assez* pour obtenir des résultats, *pas trop* pour éviter la monotonie qui ne tarderait pas à lasser l'attention des élèves.

L'expérience lui permettra d'arrêter lui-même, avant chaque séance, le choix des exercices de la leçon au fur et à mesure des progrès des élèves ou selon leur aptitude ; il suivra d'abord l'ordre du Manuel, c'est-à-dire : la tête, le tronc, les bras et les jambes ; mais dès que les mouvements qui en dépendent deviendront familiers aux élèves, il devra les répéter à la deuxième partie de la séance, sans s'astreindre à l'ordre déjà suivi, c'est-à-dire en entremêlant les exercices entre eux ; par exemple :

1° Un mouvement de bras ;
2° Un mouvement de jambes ;
3° Un mouvement de tête ;
4° Un mouvement de bras ;
5° Un mouvement du tronc ;
6° Un mouvement de bras et de jambes ;
7° Un mouvement de tête, etc.

Il est expressément recommandé au maître d'exécuter toujours *lui-même* le mouvement, en même temps qu'il l'explique, afin de joindre l'exemple au précepte. Autant que possible, dans les débuts, il exécute et explique chaque commandement séparément et le fait exécuter par les élèves avant de faire le commandement et de passer au mouvement suivant.

A moins d'impossibilité résultant de circonstances locales, le nombre des élèves qui seront commandées par un seul maître ne devra pas dépasser 30; le maximum d'élèves à placer sur un rang sera de 15.

5. Les professeurs doivent se conformer strictement aux principes du Manuel; ils ne toléreront dans aucun cas que les élèves se laissent entraîner à des exercices exagérés qui pourraient occasionner des accidents et engager la responsabilité du maître. Ils doivent s'appliquer à développer la force des élèves par un travail progressif, sagement mesuré, en rapport avec leur âge et l'état de leur constitution.

6. Ils doivent exiger de leurs élèves beaucoup d'ordre, une attitude régulière sans raideur, et leur expliquer le but de chaque exercice.

7. Pour l'uniformité dans l'enseignement, les commandements d'*avertissement* doivent être précédés de celui de *Attention*, et ceux d'*exécution* soumis aux règles suivantes :

Mouvements de la tête, du corps et des bras, des jambes sans déplacement du corps :

COMMENCEZ.
CESSEZ.

Mouvements des jambes entraînant le déplacement du corps :

MARCHE.
HALTE.

Exercices d'équilibre :

EN POSITION.
REPOS.

Dans les exercices qui nécessitent avant l'exécution une attitude préparatoire, les commandements d'*avertissement* seront suivis de celui de *En position*.

8. Dans le détail de l'instruction et pour mieux assurer l'exécution, chaque temps sera exécuté, dans la plupart des exercices, au commandement de *un, deux, trois, quatre;* mais quand le professeur voudra que les élèves exécutent tous les temps sans avertissement de détail, au lieu de *un, deux, trois, quatre,* il fera seulement les commandements de *commencez, cessez, marche, halte.*

9. En principe, tous les mouvements de la tête et du tronc doivent être exécutés *lentement* et pendant peu de temps; les mouvements des bras et des jambes n'exigent pas ces précautions.

10. Chaque exercice d'assouplissement doit être répété *de six à douze fois.* Les élèves doivent compter *à haute voix* tous les mouvements, ils cessent ensuite de compter à un signal donné et continuent l'exercice.

11. On distingue trois sortes de cadences, c'est-à-dire trois degrés de vitesse :

La cadence *lente,* de 10 à 25 mouvements par minute;

La cadence *modérée,* de 25 à 75 mouvements par minute;

La cadence *rapide,* de 75 à 115 mouvements par minute.

On indiquera à chaque exercice la cadence convenable, mais il sera souvent utile de varier les cadences durant l'exécution d'un même exercice.

De la respiration dans les exercices gymnastiques.

12. Pour obtenir des exercices que l'on trouvera ci-après décrits et groupés, tous les effets physiologiques que l'on est en doit d'en attendre, il importe que les maîtresses et les institutrices se pénètrent bien des conditions générales dans lesquelles se trouvent placées les jeunes élèves qui exécutent les mouvements. La plus importante de ces conditions est relative au mode de respiration : aussi a-t-il paru utile de faire précéder ce manuel de quelques instructions sommaires sur ce point fondamental.

13. L'échange de gaz qui se produit dans l'acte de la respiration entre l'atmosphère extérieure et celle du poumon a pour effet principal d'introduire dans le sang avec l'air une certaine quantité d'oxygène et d'en éliminer une certaine quantité d'acide carbonique et de vapeur d'eau. Or, les exercices augmentent la consommation de l'oxygène qui se combine avec le carbone du sang pour produire l'acide carbonique, lequel est exhalé par les poumons et chassé par les bronches. Il s'ensuit que dès que l'on passe de l'état de repos à l'état de mouvement, on respire généralement beaucoup *plus vite* afin d'introduire la somme supplémentaire d'oxygène nécessaire à l'exécution du travail mécanique représenté par les exercices.

14. Il arrive généralement aussi que le cœur bat *plus vite*, parce que c'est par le cœur que le sang est lancé dans les poumons d'un côté, dans tout le reste du corps d'un autre, et que le sang ne peut suffire aux besoins des muscles et des autres tissus qu'en se chargeant par les poumons d'une quantité d'oxygène nécessairement plus grande à l'état d'activité qu'à l'état de repos.

Si le sang était suffisamment oxygéné, le cœur ne battrait pas notablement plus vite et les élèves n'arriveraient pas à l'essoufflement. Pour éviter ce désordre dans les fonctions de la circulation et de la respiration, la première condition à réaliser est donc d'introduire à chaque inspiration, pendant la durée des exercices, une quantité d'air plus grande que celle que l'on introduit à l'état de repos. On peut éviter par là les palpitations et l'essoufflement.

En effet, les respirations courtes, rapides et saccadées ne permettent pas l'introduction d'une grande quantité d'air; elles fatiguent souvent les jeunes élèves.

15. On aura donc soin, au début de chaque séance, d'établir un rythme très modéré.

16. Le développement des organes *de la respiration* est l'un des buts principaux de la gymnastique scolaire; il est aussi l'une des conditions essentielles de la bonne exécution des mouvements. A une ample et facile respiration correspondent en général une circulation régulière et une aptitude considérable aux exercices musculaires. D'un autre côté, ces qualités diminuent en proportion de la faiblesse des organes respiratoires. Il importe donc d'adopter, pour respirer, la méthode que la pratique et la science nous montrent la meilleure.

Rien de plus mauvais que les respirations désordonnées et courtes qui caractérisent l'essoufflement et qui sont dues à l'absence de toute règle habituelle. Il faut inspirer par le nez, la bouche fermée ou entr'ouverte; il faut autant que possible *inspirer* lentement et *expirer* à volonté selon les circonstances. Par là on évite l'introduction brusque de l'air froid et des poussières de l'atmosphère dans la cavité buccale et dans les bronches. On utilise les voies naturelles en laissant un cours plus libre à la colonne d'air introduite et à la colonne de gaz expulsée; enfin l'arrivée plus lente de l'air inspiré permet une utilisation plus complète de la surface pulmonaire, dont une partie seulement entre en fonction quand l'inspiration est buccale, courte et saccadée.

17. On recommande donc aux élèves, dans toutes les habitudes de la vie, mais surtout pendant les exercices, d'*inspirer par le nez* et d'*expirer par la bouche*. Dans les exercices à cadence très lente on commandera *une inspiration profonde* au moment où les bras seront dans l'extension verticale au-dessus de la tête; à la suite des mouvements à cadence rapide, on prescrira également *une succession d'inspirations profondes*, qui développent et présentent à l'air toute la surface des poumons; par là on évitera ce qu'il faut constamment *chercher à éviter : l'essoufflement.*

Des attitudes en général.

18. Avant de procéder aux exercices d'ensemble les maîtresses feront bien d'examiner l'attitude de chaque élève dans la station debout. Deux attitudes incorrectes, dont les suites sont souvent très fâcheuses pour les femmes, doivent être soigneusement corrigées.

19. La première consiste a rejeter la tête en arrière et à pointer le menton en avant. Beaucoup d'enfants s'imaginent que c'est là se tenir *droites;* il faut au contraire *que le menton soit serré au cou.* La seconde consiste à mettre en avant l'estomac et le ventre en creusant les reins. Il faut au contraire *que l'estomac soit rentré et ne dépasse jamais le plan de la poitrine.* En suivant les règles on évitera aux enfants une déformation très commune : *les reins creux, l'ensellure.* Or il arrive souvent qu'en disant aux enfants de se tenir droites, elles croient bien faire en tendant l'abdomen alors que c'est le haut du corps quelles doivent avancer en rejetant les épaules, mais rien que les épaules en arrière.

20. Les maîtresses feront bien de surveiller aussi l'attitude des pieds. Beaucoup d'enfants marchent en mettant les pointes des pieds trop en dehors, elles s'exposent à incliner les malléoles en dedans et à produire une déformation que l'on peut éviter : *le pied plat.* Le défaut contraire, qui consiste à mettre la pointe des pieds en dedans, est plus rare, mais il doit être aussi soigneusement corrigé.

DES ATTITUDES SCOLAIRES.

21. Il faut entendre par attitudes scolaires celles que prennent les enfants pendant la durée de leur travail intellectuel.

On a reconnu que le poids du corps, agissant d'une manière prolongée dans des attitudes qui ne sont pas symétriques, avait pour effet de produire sur les articulations et sur les os des déformations souvent graves, lesquelles entraînaient, pour maintenir un équilibre factice, d'autres déformations.

La plus fréquente des attitudes scolaires est la *station assise.*

Pour que cette attitude soit régulière, il faut que le corps soit également supporté sur les deux ischions et que la moitié de la cuisse au moins soit comprise dans la base de support. Il faut enfin que la région inférieure des reins, au lieu d'être relevée et creusée, soit légèrement convexe en arrière. En d'autres termes, il ne faut pas avoir les reins creux quand on est assis. Cette première recommandation est très importante dans l'intérêt même de la santé et du développement physique des enfants.

22. Une attitude plus fâcheuse encore que la précédente est celle que prennent généralement les élèves en écrivant. On a imaginé des méthodes d'écriture qui enseignent aux enfants à appuyer sur la table transversalement *tout l'avant-bras,* du coude au poignet, afin que le poids de la partie supérieure du corps reposant ainsi sur le bras gauche, l'avant-bras et le poignet droits deviennent plus libres, ce qui se produit en effet.

23. Mais la conséquence de cette attitude est que le corps s'incline vers son support et qu'au bout d'un certain temps c'est l'avant-bras et la partie gauche du corps, à l'exclusion du côté droit, qui supportent tout le poids; en outre, les élèves prennent ainsi l'habitude de certaines attitudes qui, en dehors de la classe, se conservent dans la station assise. Or, il est facile de voir que cette inclinaison et cette torsion du corps vers la gauche produisent des déformations et des torsions du squelette qui, d'abord passagères, se confirment peu à peu et s'aggravent, si la faiblesse des articulations ou la fréquence et la durée de la session viennent y contribuer.

24. La plus fréquente de ces déformations consiste dans une voussure de tout le côté gauche du dos avec aplatissement de la poitrine et élévation de l'épaule du même côté : l'omoplate droite est saillante, l'inclinaison du cou entraîne celle de la tête et de la face vers la gauche, la ligne horizontale des yeux se place parallèlement aux lignes que l'on trace sur le papier.

25. On évitera ces déformations en recommandant aux enfants de s'asseoir également des deux côtés et de ne poser que les poignets sur le bord de la table. En aucun cas on ne leur permettra de placer l'avant-bras transversalement sur le pupitre.

CHAPITRE PREMIER.

EXERCICES ÉLÉMENTAIRES.

Art. 1er. — Formation de la section.

26. La section est formée sur deux rangs, les files à 10 ou 12 centimètres l'une de l'autre ; elle se compose de 10 à 15 files.

27. La distance d'un rang à l'autre est de 40 centimètres mesurés de la poitrine des élèves du second rang au dos de l'élève qui les précède dans leur file.

28. Le rang de taille est établi de manière que les élèves les plus grandes forment successivement chaque file à partir de la droite.

Art. 2. — Station régulière du corps.

29. Le maître commande :

Attention.

A ce commandement, l'élève fixe son attention et prend la position suivante :

30. Les talons sur la même ligne et rapprochés autant que la conformation de l'élève le permettra, les pieds un peu moins ouverts que l'équerre et également tournés en dehors, les genoux tendus sans raideur, le corps d'aplomb sur les hanches et légèrement penché en avant, les épaules effacées et également tombantes, les bras pendant naturellement, les coudes près du corps, la paume de la main un peu tournée en dehors, la tête droite, les yeux dirigés droit devant soi.

31. Pour faire reposer l'élève, le professeur commande :

1. REPOS.

Au commandement de *Repos*, l'élève reste en place sans être tenue de garder l'immobilité ni la position.

ART. 3. — 1° À DROITE, À GAUCHE.

32. Le professeur commande :

Par le flanc droit (gauche),
A droite (gauche).

33. Au commandement de *Droite* (*gauche*), tourner sur le talon gauche d'un quart de cercle à droite (gauche), en élevant un peu la pointe du pied gauche et le pied droit; rapporter ensuite le talon droit à côté du gauche et sur la même ligne.

2° DEMI-À-DROITE, DEMI-À-GAUCHE.

34. Le professeur commande :

1. *Demi-à-droite* (*gauche*).
2. (*A*) DROITE (GAUCHE).

35. Le mouvement s'exécute comme celui de à droite (gauche), mais l'élève ne tourne que d'un demi-quart de cercle.

3° DEMI-TOUR À DROITE.

36. Le professeur commande :

1. *Demi-tour.*
2. (*A*) DROITE.

37. Au commandement de *Droite,* faire un demi-à-droite sur le talon gauche; placer le pied droit en équerre, le milieu du pied vis-à-vis et à environ 10 centimètres du talon gauche, tourner sur les deux talons en élevant un peu la pointe des pieds, les jarrets tendus, faire face en arrière et rapporter ensuite vivement le talon droit à côté du gauche.

ART. 4. — 1° PAS ACCÉLÉRÉ.

38. La vitesse du pas accéléré est de 115 par minute.

39. Le professeur, se plaçant à dix ou douze pas des élèves et leur faisant face, leur explique le mécanisme du pas, en le décomposant comme il va être indiqué; il l'exécute lui-même, afin de joindre l'exemple au principe, et il commande :

1. *En avant.*
2. MARCHE.

40. Au commandement de *En avant*, l'élève porte le poids du corps sur la jambe droite.

41. Au commandement de *Marche*, elle porte le pied gauche en avant, la pointe légèrement tournée en dehors, le pose sans frapper, à distance de 40 à 60 centimètres du pied droit, le talon droit levé, tout le poids du corps portant sur le pied qui pose à terre.

42. Au commandement de *Deux*, l'élève porte la jambe droite en avant, le pied passant près de terre, pose ce pied à la même distance et de la même manière qu'il vient d'être expliqué pour le pied gauche, et continue de marcher ainsi aux commandements de *Un, deux*, sans que les jambes se croisent, sans que les épaules tournent, en laissant aux bras un mouvement d'oscillation naturelle, et la tête restant toujours dans la position directe.

Pour arrêter, le professeur commande :

1. *Section.*
2. HALTE.

43. Au commandement de *Halte*, qui est fait indistinctement sur l'un ou l'autre pied, l'élève rapporte le pied qui est en arrière à côté de l'autre sans frapper.

44. Le professeur s'attache d'abord à habituer les élèves à faire des pas de la longueur voulue; quand elles sont bien rompues à cette habitude, on accélère peu à peu l'allure, de façon à arriver progressivement à la cadence de 115 pas à la minute.

45. Afin de donner au mécanisme du

pas toute la régularité et toute la précision désirables, le professeur veille à ce que le corps porte bien sur le pied qui est en avant, à ce que le talon de l'autre pied se lève à temps pour faciliter ce mouvement, et à ce que la tête reste haute, le corps ne penchant ni à droite ni à gauche.

46. Quand les élèves sont familiarisées avec la longueur et la vitesse réglementaire du pas, le professeur les exerce à la marche en avant sans décomposer, en indiquant de temps en temps seulement la cadence au moyen des commandements : *Un*, quand le pied gauche pose à terre, et *deux*, quand c'est le droit.

47. Le professeur arrête la section par les commandements et les moyens prescrits (n° 42). Il fait le commandement de *Halte* sur l'un ou l'autre pied, mais un moment avant qu'il soit près de poser à terre

2° MARQUER LE PAS.

48. L'élève étant en marche, le professeur commande :

1. *Marquez le pas.*
2. MARCHE.

49. Au commandement de *Marche*, qui est fait un moment avant que le pied soit près de poser à terre, l'élève marque simplement la cadence du pas en soulevant et en remplaçant à terre alternativement l'un et l'autre pied.

50. Pour faire reprendre la marche, le professeur commande :

1. *En avant.*
2. MARCHE.

51. Au commandement de *Marche*, qui est fait comme il est prescrit ci-dessus, l'élève reprend le pas accéléré.

3° CHANGER LE PAS.

52. L'élève étant en marche, le professeur commande :

1. *Changez le pas.*
2. MARCHE.

53. Au commandement de *Marche*, qui est fait un moment avant que le pied soit près de poser à terre, l'élève rapporte le pied qui est en arrière à côté de celui qui vient de poser à terre, et repart de ce dernier pied.

Les exercices compris du n° 23 au n° 53 sont exécutés sur un rang, les élèves placées à un pas de distance.

Art. 5. — Principes d'alignements.

54. Le professeur exerce d'abord les élèves à s'aligner une par une afin de leur faire mieux comprendre les principes de l'alignement; à cet effet, il fait porter les deux élèves de droite (gauche) trois pas en avant, au moyen du commandement de :

1. *Deux élèves de droite (gauche), trois pas en avant.*
2. Marche.

Et les ayant alignées, en se plaçant à leur droite (gauche) et sur leur prolongement, il avertit successivement chaque élève, en la désignant par son numéro seulement, de se porter sur l'alignement des deux premières; celles-ci, en arrivant sur la ligne, ont dû placer le poing gauche *sur la ceinture* au-dessus de la hanche, la paume de la main et les ongles en l'air.

55. Chaque élève, à l'appel de son numéro, tourne la tête et les yeux à droite (gauche), marche trois pas en avant en raccourcissant le dernier, de manière à se trouver à environ 15 centimètres en arrière du nouvel alignement qu'elle ne doit jamais dépasser; à ce moment, elle s'arrête franchement, place le poing gauche comme il a été dit; elle se porte ensuite par petits pas, les jarrets tendus, tranquillement et sans saccade, à côté de l'élève à laquelle elle doit appuyer, de manière que, sans déranger la position de sa tête, la ligne de ses yeux ainsi que celle de ses épaules se trouvent dans la direction de celles de sa voisine, et qu'elle sente très légèrement le coude de cette dernière.

56. Le professeur, voyant les élèves alignées, commande :

Fixe.

57. Au commandement de *Fixe*, les élèves laissent tomber la main gauche dans le rang et replacent la tête dans la position directe.

58. Lorsque les élèves ont ainsi appris à s'aligner une par une correctement et sans tâtonner, le professeur fait aligner le rang entier à la fois par le commandement suivant :

1. *A droite (gauche).*
2. Alignement.

59. A ce commandement, le rang, à l'exception des deux élèves placées d'avance pour servir de base d'alignement, se porte sur la nouvelle ligne et s'y place d'après les principes prescrits.

60. Le professeur, placé à dix ou douze pas en avant et faisant face au rang, veille à l'observation des principes et se porte ensuite à l'aile qui a servi de base à l'alignement pour le vérifier.

61. Le professeur, voyant le plus grand nombre des élèves alignées, commande :

Fixe.

62. Il commande ensuite à celle ou celles qui ne sont pas alignées : *Rentrez* ou *Sortez*, en les désignant par leurs numéros.

L'élève ou les élèves désignées tournent légèrement la tête du côté de l'alignement pour juger de combien elles doivent avancer ou reculer, se portent tranquillement sur la ligne, et replacent ensuite la tête dans la position directe.

63. Les alignements en arrière se prennent d'après les mêmes principes. Les élèves se portent un peu en arrière de la ligne et s'y placent ensuite par de petits mouvements en avant.

64. Le professeur, après avoir fait porter à son commandement les deux élèves de droite (gauche) quatre pas en arrière pour servir de base d'alignement, commande :

En arrière à droite (gauche.)
ALIGNEMENT.

OBSERVATIONS.

65. Les alignements sont d'abord exécutés sur un rang; quand les élèves ont acquis l'habitude de s'arrêter correctement, on les fait placer sur deux rangs, elles n'exécutent alors que des alignements à rangs entiers.

Le professeur doit s'attacher à ce que l'élève arrive tranquillement sur la ligne;

Qu'elle ne penche pas le corps en arrière ni la tête en avant;

Qu'elle ne tourne la tête que le moins

possible, seulement de manière à voir la ligne des yeux et à apercevoir légèrement la poitrine de la deuxième élève du côté de l'alignement.

ART. 6. — 1° MARCHE PAR LE FLANC.

66. Le rang étant de pied ferme et correctement aligné, le professeur commande :

Par le flanc droit (gauche).
(*A*) DROITE (GAUCHE).
En avant.
MARCHE.

67. Au commandement de *Droite* (*gauche*), les élèves font à droite (gauche), et doublent ; le doublement se fait toujours en dedans de l'alignement, et les files doublées se composent toujours des deux mêmes élèves sans intervalle, dont l'une a un numéro impair et l'autre le numéro pair immédiatement au-dessus. Aussi les numéros 1 et 2, 3 et 4, 5 et 6 doublent toujours entre eux. Lorsque le rang fait par le flanc, c'est celle des deux élèves qui se trouve en arrière qui double sur celle qui est avant.

68. Au commandement de *Marche*, les élèves partent vivement du pied gauche ;

les files restent alignées et conservent leurs distances; les élèves marchent dans chaque rang les unes derrière les autres, de manière que la tête de celle qui précède lui cache les têtes de toutes les autres élèves qui sont devant elle.

69. Le professeur place une élève instruite à droite de celle qui est en tête du rang doublé, pour régler son pas et la conduire; il est recommandé à cette dernière de ne pas quitter le coude de l'élève qui est chargée de la diriger.

70. Le professeur se place habituellement à cinq ou six pas sur le flanc des élèves, afin de voir si les files marchent à leurs distances; il se porte aussi quelquefois derrière le rang doublé, s'arrête et lui laisse parcourir quinze ou vingt pas, afin d'observer si les élèves marchent bien les unes derrières les autres.

71. Si les élèves sont sur deux rangs, le premier rang double comme il vient d'être dit; le deuxième déboîte d'un pas à droite et double de la même manière, de telle sorte que, le mouvement exécuté, les files se trouvent formées de quatre élèves sans intervalles, alignées du côté du premier rang.

2° DÉDOUBLER ET DOUBLER LES FILES EN MARCHANT.

72. Le professeur commande :

Dédoublez les files.
MARCHE.

73. Au commandement de *Marche,* les files qui ont doublé raccourcissent le pas ; les élèves reprennent leurs places dans le rang, contre leurs voisines habituelles, celles du second rang appuient pour se replacer à côté de leurs chefs de file.

74. Pour faire doubler les files, le professeur commande :

Doublez les files.
MARCHE.

75. Au commandement de *Marche,* les files doublent comme il est prescrit au nos 67 et 71.

3° ARRÊTER LE RANG ET LUI FAIRE FAIRE FRONT.

76. Le professeur commande :

1. *Section.*
2. HALTE.

3. *A gauche (droite).*
4. FRONT.

77. Au commandement de *Halte*, le rang s'arrête et aucune élève ne bouge plus, quand même elle aurait perdu sa distance.

78. Au commandement de *Front*, chaque élève fait front du côté indiqué; celles qui se trouvent derrière dédoublent en même temps pour se porter vivement à leur place dans le rang. Les élèves et le professeur se conforment aux principes de l'alignement.

4° CHANGEMENTS DE DIRECTION PAR FILE.

79. Lorsque les élèves ont acquis l'habitude de la marche par le flanc, le professeur les exerce à changer de direction par file; à cet effet, il commande :

1. *Par file à gauche (droite).*
2. MARCHE.

80. Au commandement de *Marche*, la file de tête change de direction à gauche (droite), en décrivant un petit arc de cercle. Les deux (ou les quatre) élèves de cette file conservent l'alignement du côté du premier rang. L'élève qui est à l'aile marchante fait toujours le pas de la même longueur et de la même vitesse; celle qui est au pivot raccourcit les trois ou quatre (cinq ou six) premiers pas. Chaque file vient converser à la même place que celle qui la précède, de manière que la distance entre les files soit toujours conservée et qu'il n'y ait ni temps d'arrêt ni à-coup dans la marche.

81. Les principes de la marche par le flanc au pas gymnastique sont les mêmes qu'au pas accéléré. Le professeur fait précéder le commandement de *Marche* de celui de *Pas gymnastique*.

82. Le professeur exerce quelquefois les élèves, placées sur un ou sur deux rangs, à marcher par le flanc sans doubler les files. Il fait les commandements prescrits n° 66, mais il a soin de prévenir de ne pas doubler. Il veille à ce que la cadence et les distances ne se perdent pas.

83. Les principes de cette marche sont les mêmes; mais dans les changements de direction, au cas où les élèves sont sur un rang, la première du rang change de direction sans altérer la longueur ni la cadence du pas.

ART. 7. — OUVRIR OU SERRER LES INTERVALLES.

84. Les élèves étant formées sur un ou deux rangs, le professeur se place devant l'élève ou devant la file sur laquelle il veut faire prendre les intervalles, puis il commande :

A tant de pas.
OUVREZ LES INTERVALLES.

Au commandement de *Ouvrez les intervalles*, les élèves font à droite ou à gauche, suivant qu'elles sont placées à droite ou à gauche de la base marquée par le professeur. Elles se conforment pour cela aux principes prescrits aux n°s 32 et 33 et ouvrent leurs intervalles à la distance indiquée.

85. Dans les commencements, elles comptent les pas ; mais elles doivent arriver le plus tôt possible à juger à l'œil l'intervalle qui doit espacer chacune d'elles de sa voisine.
Dès que chacune s'arrête, elle fait à gauche ou à droite pour se mettre face dans la direction primitive.

86. Pour faire serrer, le professeur se place devant l'élève ou devant la file sur laquelle il veut faire serrer, et commande :

A tant de pas.
SERREZ LES INTERVALLES.

Au commandement de *Serrez les intervalles*, chaque élève fait à gauche ou à droite, suivant qu'elle se trouve à droite ou bien à gauche de la base, serre à la distance prescrite sur sa voisine du côté de la base, et fait à droite ou à gauche pour se mettre face à la direction primitive.

87. Si le professeur veut rassembler ses élèves sur un ou deux rangs sans intervalle, il supprime dans le commandement l'indication *A tant de pas.*

Les élèves serrent sur la base indiquée, en ayant soin de placer le poing gauche sur la hanche au moment où elles s'arrêtent, et elles s'alignent du côté de la base.

ART. 4. — MOUVEMENTS DE LA TÊTE [1].

88. Les mouvements de la tête comprennent trois exercices :

[1] Pour les mouvements de la tête, le professeur peut faire mettre les mains sur les hanches.

1er Exercice. — **Rotation de la tête à droite et à gauche.**

89. Le professeur commande :

Attention.

Rotation de la tête à droite et à gauche; en quatre temps.

Un, deux, trois, quatre.

Cessez.

1. Tourner *lentement* la tête à droite en donnant à ce mouvement le plus de développement possible, sans exagération et sans que les épaules soient élevées ni entraînées.

Fig. 1.

2. La remettre dans la position droite.

3. La tourner de la même manière à gauche.

4. Revenir face en tête, et continuer ainsi jusqu'à ce que le professeur commande : *Cessez.* (Fig. 1.)

2e Exercice. — **Flexion de la tête en avant et en arrière.**

90. Le professeur commande :

Attention.

Flexion de la tête en avant et en arrière ; en quatre temps.

UN, DEUX, TOIS, QUATRE.

CESSEZ.

1. Fléchir lentement la tête en avant, vers la poitrine. (Fig. 2.)

Fig. 2.

Fig. 3.

2. La remettre droite.

3. La renverser en arrière. (Fig. 3.)

4. La relever et continuer ainsi jusqu'au commandement de *Cessez.*

3ᵉ EXERCICE. — **Flexion de la tête vers la droite et vers la gauche.**

91. Le professeur commande :

Attention.

Flexion de la tête vers la droite et vers la gauche; en quatre temps.

UN, DEUX, TROIS, QUATRE.
CESSEZ.

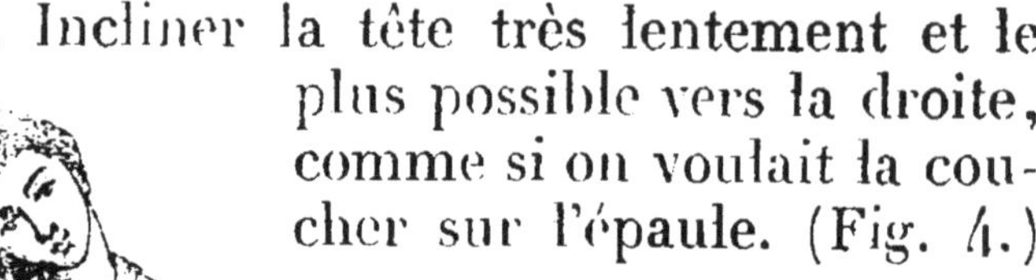

1. Incliner la tête très lentement et le plus possible vers la droite, comme si on voulait la coucher sur l'épaule. (Fig. 4.)

Fig. 4.

2. La remettre droite.

3. L'incliner lentement sur l'épaule gauche.

4. La redresser et continuer ainsi jusqu'au commandement de *Cessez*.

ART. 9. — MOUVEMENTS DU TRONC.

Les mouvements du tronc comprennent trois exercices :

1er EXERCICE. — **Flexion du corps [1] en avant, les mains portées vers le sol; en deux temps.**

92. Le professeur commande :

Attention.

(1) Dans tous les exercices du tronc, le mot *corps* est employé comme synonyme du mot *tronc*.

Flexion du corps en avant; en deux temps.

UN, DEUX.

CESSEZ.

1. Fléchir lentement le corps en avant, sans ployer les genoux, toucher le sol avec l'extrémité des doigts étendus, la paume de la main tournée vers le corps.

Fig. 5.

2. Se redresser en plaçant le corps dans la position droite, les bras tombant dans le rang.

2e EXERCICE. — **Extension du corps en arrière, les bras portés en arrière et éloignés du corps; en deux temps.**

93. Le professeur commande :

Fig. 6.

Attention.
Extension du corps en arrière.
UN, DEUX.
CESSEZ.

1. Courber lentement le corps en arrière, la tête suivant le mouvement, les épaules effacées, les bras fléchis, les mains fermées et les coudes en arrière. (Fig. 6.)
2. Redresser le corps et laisser tomber les bras dans le rang.

3e EXERCICE. — **Flexion latérale du corps à droite et à gauche, les mains sur les hanches; en quatre temps.** (*Cadence lente.*)

94. Le professeur commande :

Attention. — Mains sur les hanches.

Flexion latérale du corps à droite et à gauche; en quatre temps.

UN, DEUX, TROIS, QUATRE.
CESSEZ.

Au commandement de *Mains sur les hanches,* placer les mains sur les hanches.

1. Pencher lentement le plus possible le haut du corps à droite, sans avancer l'épaule gauche, la tête suivant le mouvement.

2. Le redresser dans la position verticale.

3. Pencher le corps à gauche sans avancer l'épaule droite.

4. Le redresser dans la position droite.

ART. 10. — MOUVEMENTS DES BRAS.

95. Les mouvements des bras comprennent treize exercices :

1er EXERCICE. — **Mouvement vertical alternatif (simultané) des bras sans flexion; en deux temps.**

Le professeur commande :

Attention.

Élevez et abaissez les bras sans flexion.

UN, DEUX.
CESSEZ.

Fig. 7.

1. Élever vivement les bras en pronation [1] et en avant à l'écartement des épaules, sans les fléchir, les poings fermés, les doigts allongés.

2. Les ramener de même vers les cuisses, qu'ils ne doivent pas dépasser. (Fig. 7.)

Continuer jusqu'au commandement de *Cessez*.

On recommandera aux élèves de ne point creuser les reins.

2e EXERCICE. — **Mouvement alternatif et vertical des bras** (*flexion et extension*); **en quatre temps.**

(1) La position dite *en supination* est celle de la main dans la station régulière du corps, le petit doigt sur le milieu du côté externe de la cuisse.

L'attitude dite *en pronation* est celle dans laquelle le pouce touche le milieu du côté externe de la cuisse.

96. Le professeur commande :

Attention.

Mouvement alternatif et vertical des bras ; en quatre temps.

UN, DEUX, TROIS, QUATRE.

CESSEZ.

Fig. 8.

1. Fléchir le bras droit et porter le poing à l'épaule.

2. Élever ensuite le bras verticalement. (Fig. 8.)

3. Ramener le poing à l'épaule.

4. Laisser tomber le bras à sa première position.

Exécuter le même mouvement du bras gauche et continuer ainsi jusqu'au commandement de *Cessez*.

3ᵉ EXERCICE. — **Mouvement simultané et vertical des bras** (*flexion et élévation*) ; **en quatre temps.**

97. Le professeur commande :

Attention.

Mouvement simultané et vertical des bras ; en quatre temps.

UN, DEUX, TROIS, QUATRE.

CESSEZ.

1. Fléchir les avant-bras sur le bras et porter les poings aux épaules.

2. Élever les bras verticalement.

3. Ramener les poings aux épaules.

4. Laisser tomber les bras à leur première position. Continuer ainsi jusqu'au commandement de *Cessez*.

4° EXERCICE. — **Mouvement alternatif des avant-bras, en portant le poing à l'épaule, les coudes restant près du corps** (*flexion et extension*) ; **en deux temps.**

98. — Le professeur commande :

Attention.

Mouvement alternatif des avant-bras, en deux temps.

UN, DEUX.

CESSEZ.

1. Fléchir l'avant-bras droit sur le bras, le coude restant près du corps, porter le poing à l'épaule.

2. Développer le bras et ramener le poing près de la cuisse.

Exécuter le même mouvement du bras gauche et continuer jusqu'au commandement de *Cessez*.

5ᵉ Exercice. — **Mouvement simultané des avant-bras** (*flexion et extension*)**; en deux temps.**

99. Le professeur commande :

Attention.

Mouvement simultané des avant-bras; en deux temps.

Un, deux.

Cessez.

1. Fléchir les avant-bras sur les bras, les coudes restant près du corps; porter les poings aux épaules.

2. Développer les bras et ramener les poings près des cuisses, et continuer jusqu'au commandemeni de *Cessez*.

6ᵉ Exercice. — **Mouvement horizontal des bras en avant; en deux temps.**

100. Le professeur commande :

Attention.

Mouvement horizontal des bras en avant; en deux temps.

En position.
Un, deux.
Cessez.

Au commandement de *En position,* placer les bras horizontalement en avant, les poings fermés, les ongles en dedans. (Fig. 9.)

1. Retirer vivement les coudes en arrière, en rasant le corps, les avant-bras fléchis; (Fig. 10.)

2. Les reporter en avant, et continuer ainsi jusqu'au commandement de *Cessez.*

A ce commandement, laisser tomber les bras à leur première position.

Fig. 9. Fig. 10.

Dans cet exercice, le professeur recommandera à l'élève de ne pas creuser les reins.

7e EXERCICE. — **Mouvement de flexion et d'extension des bras portés alternativement en avant; en quatre temps.**

101. Le professeur commande :

Attention.
Mouvement alternatif de flexion et d'extension des bras en avant; en quatre temps.

UN, DEUX, TROIS, QUATRE.
CESSEZ.

1. Fléchir l'avant-bras droit et porter le poing à l'épaule;

2. Étendre le bras en avant.

3. Ramener le poing à l'épaule.

4. Laisser tomber le bras à sa première position.

Exécuter le même mouvement du bras gauche et continuer des deux bras alternativement, jusqu'au commandement de *Cessez.*

8e EXERCICE. — **Mouvement de flexion et d'extension des bras portés simultanément en avant ; en quatre temps.**

102. Le professeur commande :

Attention.
Mouvement simultané de flexion et d'extension des bras en avant; en quatre temps.

UN, DEUX, TROIS, QUATRE.
CESSEZ.

1. Fléchir les avant-bras sur les bras et porter les poings aux épaules.

2. Étendre les bras en avant

3. Ramener les poings aux épaules.

4. Laisser tomber les bras à leur première position.

Continuer ainsi jusqu'au commandement de *Cessez*.

9e EXERCICE. — **Circumduction du bras droit et du bras gauche alternativement, puis des deux bras simultanément.**

103. Le professeur commande :

Attention.

Circumduction du bras droit.

COMMENCEZ.
CESSEZ.

Au commandement de *Commencez*, lancer avec force le bras droit tendu en avant, le poing fermé, et lui faire parcourir un cercle de bas en haut, le poing rasant la cuisse. (Fig. 11.)

Fig. 11.

Continuer ainsi jusqu'au commandement de *Cessez*.

Exécuter ensuite ce mouvement du bras gauche, et enfin des deux bras simultanément.

Cet exercice s'exécute aussi en sens inverse.

10° EXERCICE. — **Mouvements alternatifs de pronation et de supination des poignets; en trois temps.**

104. Le professeur commande :

Attention.

Mouvements alternatifs de pronation et de supination des poignets.

UN, DEUX, TROIS.
CESSEZ.

1. Tourner le plus possible le poignet droit (gauche) en pronation sans plier l'avant-bras;

2. Le tourner en supination;

3. Replacer le poignet à sa position ordinaire.

Continuer ainsi jusqu'au commandement de *Cessez*.

Cet exercice se fait également des deux poignets à la fois.

Le professeur commande dans ce cas: *Mouvements simultanés*, etc., au lieu de: *Mouvements alternatifs.*

11e EXERCICE. — **Mouvement alternatif des bras en avant (*flexion et extension*) en les portant ensuite tendus sur les cotés; en quatre temps.**

105. Le professeur commande:

Attention.

Mouvement alternatif des bras, en les portant ensuite tendus sur les côtés; en quatre temps.

UN, DEUX, TROIS, QUATRE.

CESSEZ.

1. Fléchir l'avant-bras droit et porter le poing à l'épaule.

2. Porter le bras en avant.

3. Le porter tendu sur le côté.

4. Le laisser tomber à sa première position.

Exécuter le même mouvement du bras gauche et continuer ainsi jusqu'au commandement de *Cessez*. Le même exercice s'exécute des deux bras simultanément.

12e EXERCICE. — **Mouvements alternatifs (simultanés) des avant-bras sur les bras, sur les cotés; en quatre temps.**

106. Le professeur commande :

Attention.

Mouvements alternatifs (simultanés) *des avant-bras sur les bras, sur les côtés.*

UN, DEUX, TROIS, QUATRE.

CESSEZ.

1. Tourner le poignet droit en supination.

2. Élever l'avant-bras sur le côté, le plus près possible du bras, en maintenant le poignet en supination.

3. Le replacer ensuite près de la cuisse.

4. Ramener le poignet à sa position ordinaire.

Répéter ainsi le même mouvement avec l'avant-bras gauche, ou simultanément avec les deux avant-bras jusqu'au commandement de *Cessez*.

13e Exercice. — **Mouvements alternatifs (simultanés) et verticaux des bras avec flexion au-dessus des épaules et extension sur les côtés ; en quatre temps.**

107. Le professeur commande :

Attention.
Mouvements alternatifs (simultanés) *et verticaux des bras avec flexion au-dessus des épaules et extension sur les côtés.*
Un, deux, trois, quatre.
Cessez.

1. Diriger le poignet droit en le maintenant dans la ligne verticale jusqu'à ce qu'il soit placé devant et près de l'épaule droite.

2. Porter le bras verticalement au-dessus de l'épaule.

3. Le porter ensuite sur le côté à hauteur de l'épaule;

4. Le replacer à sa position première.

Exécuter le même exercice avec le bras gauche et enfin simultanément avec les deux bras jusqu'au commandement de *Cessez*.

ART. 11. — MOUVEMENTS DES JAMBES.

108. Les mouvements des jambes comprennent huit exercices; au commandement de *Attention*, les élèves mettront les mains sur les hanches, à moins d'indication contraire.

1ᵉʳ EXERCICE. — **Flexion de la jambe sur la cuisse.** (*Cadence modérée.*)

109. Le professeur commande :

Attention.
Flexion de la jambe sur la cuisse. (Cadence modérée.)
MARCHE.
HALTE.

Au commandement de *Marche*, fléchir la jambe droite en arrière, en conservant la cuisse et le corps droits; ramener le pied à terre. (Fig. 12.)

Fig. 12.

Exécuter le même mouvement de la jambe gauche, et continuer ainsi jusqu'au commandement de *Halte*.

A ce commandement, rapporter le pied qui est en l'air à côté de l'autre.

2° Exercice. — **Flexion et élévation de la cuisse sur le bassin, la jambe en demi-flexion.** (*Cadence lente, modérée ou rapide.*)

110. Le professeur commande :

Attention.
Flexion et élévation des jambes. (Cadence lente, modérée ou rapide.)
Marche.
Halte.

Au commandement de *Marche*, élever le

genou droit, la cuisse placée horizontalement, la jambe tombant naturellement, la pointe du pied baissée, et poser le pied à terre. (Fig. 13.)

Fig. 13.

Exécuter le même mouvement de la jambe gauche, et continuer ainsi jusqu'au commandement de *Halte*.

Dans la cadence de course, le mouvement s'exécute par un sautillement alternatif sur la pointe des pieds.

Cet exercice s'exécute les bras tombant naturellement ou les mains sur les hanches.

3e Exercice. — **Mouvement alternatif des jambes tendues en avant sans flexion; en deux temps.**

111. Le professeur commande :

Attention.

Porter alternativement les jambes tendues en avant; en deux temps.

UN.
DEUX.
HALTE.

1. Porter la jambe gauche tendue en avant sans trop l'élever, la pointe du pied légèrement tournée en dehors, le corps maintenu droit.

2. Ramener la jambe gauche près de la droite en posant le pied sur le sol. Continuer ensuite cet exercice avec la jambe droite jusqu'au commandement de *Halte*.

4e EXERCICE. — **Mouvement alternatif de flexion et d'extension des jambes en avant; en trois temps.**

112. Le professeur commande:

Attention.
Mouvement alternatif de flexion et d'extension des jambes en avant.

UN, DEUX, TROIS.
CESSEZ.

1. Porter le poids du corps sur la jambe droite; élever le pied gauche près de la jambe droite, le talon placé au-dessous du

genou près de la jambe, la pointe du pied légèrement baissée.

2. Tendre sans violence la jambe en avant, sans trop l'élever, la pointe du pied tournée en dehors.

3. Ramener la jambe tendue près de la droite, le pied gauche près du droit; répéter le même exercice de la jambe droite jusqu'au commandement de *Cessez*.

5e Exercice. — **Mouvement alternatif de flexion et d'extension des articulations des pieds; en deux temps.**

113. Le professeur commande :

Attention.
Mouvement alternatif de flexion et d'extension des pieds; en deux temps.
Un, deux.
Cessez.

1. Lever les talons l'un après l'autre, le plus possible à temps égaux, la pointe des pieds ne quittant pas le sol, le corps restant droit et en équilibre.

2. Porter les talons à terre et continuer ainsi jusqu'au commandement de *Cessez*.

6e EXERCICE. — **Mouvement d'adduction des pieds, d'extension des membres inférieurs et élévation du corps sur la pointe des pieds; en quatre temps.**

114. Le professeur commande :

Attention.

Mouvement d'adduction des pieds, d'extension des membres inférieurs et élévation du corps sur la pointe des pieds.

UN, DEUX, TROIS, QUATRE.

CESSEZ.

1. Rapprocher la pointe des pieds.
2. Élever le corps sur la pointe des pieds, les jarrets tendus.
3. Ramener les talons à terre.
4. Ouvrir la pointe des pieds et continuer le mouvement jusqu'au commandement de *Cessez*.

7e EXERCICE. — **Mouvement d'adduction des pieds, d'extension des membres inférieurs sur la pointe des pieds et élévation simultanée et latérale des bras au-dessus de la tête, les doigts allongés; en trois temps.**

115. Le professeur commande :

Attention.

Mouvement d'adduction des pieds, d'extension des membres inférieurs sur la pointe des pieds et élévation simultanée et latérale des bras au-dessus de la tête ; les doigts allongés.

UN, DEUX, TROIS.

CESSEZ.

1. Rapprocher la pointe des pieds.

2. Élever le corps sur la pointe des pieds ; tourner en même temps la paume des mains en avant et élever latéralement les bras tendus, les mains au-dessus de la tête, jusqu'à ce que les pouces viennent se toucher.

3. Ramener les talons à terre en ouvrant la pointe des pieds, laisser tomber les bras à leur première position et continuer jusqu'au commandement de *Cessez*.

8e EXERCICE. — **Circumduction alternative des jambes de dedans en dehors et de dehors en dedans.**

116. Le professeur commande :

Attention.

Circumduction de la jambe droite (gauche) de dedans en dehors.

COMMENCEZ.

CESSEZ.

Porter le poids du corps sur la jambe gauche (ou droite).

Au commandement de *Commencez*, porter la jambe droite (ou gauche) tendue en avant, la pointe du pied baissée et tournée en dehors; faire parcourir au pied une circonférence de dedans en dehors, et continuer ce mouvement jusqu'au commandement de *Cessez*.

ART. 12. — MOUVEMENTS DES BRAS ET DES JAMBES.

117. Les mouvements des bras et des jambes comprennent vingt-cinq exercices :

1er EXERCICE. — **Mouvement de flexion en avant et redressement du corps sur la jambe gauche (droite) en avant, en faisant agir les bras tendus en demi-circumduction ; en deux temps.**

118. Le professeur commande :

Attention.

Mouvement de flexion en avant et redressement du corps sur la jambe gauche (droite) en avant, en faisant agir les bras tendus en demi-circumduction; en deux temps.

UN, DEUX.
CESSEZ.

1. Porter le pied gauche en avant.

2. Fléchir le corps en avant sur la jambe gauche (droite), la droite (gauche) tendue jusqu'à ce que les mains soient près du sol.

3. Se redresser en faisant agir les bras en circumduction au-dessus de la tête. Continuer ainsi jusqu'au commandement de *Cessez.*

2ᵉ EXERCICE. — **Flexion sur les extrémités inférieures, les bras placés horizontalement; en trois temps.**

119. Le professeur commande :

Attention.
Flexion sur les extrémités inférieures, les bras placés horizontalement; en trois temps.
EN POSITION.
UN, DEUX, TROIS.
CESSEZ.

En position, rapprocher les pieds et porter le haut du corps un peu en avant.

1. Abaisser le corps en pliant les jarrets,

de manière que les cuisses touchent, autant que possible, les mollets.

2. Les bras tombant naturellement, le poids du corps portant sur la pointe des pieds; étendre parallèlement les bras en avant, les poings à hauteur des épaules. (Fig. 14.)

Fig. 14.

3. Se relever, le corps d'aplomb, et laisser tomber les bras à leur première position.

Continuer ainsi jusqu'au commandement de *Cessez*.

3° Exercice. — **Flexion sur les extrémités inférieures et mouvement vertical des bras ; en quatre temps.**

120. Le professeur commande :

Attention.

Flexion sur les extrémités inférieures et mouvement vertical des bras ; en quatre temps.

En position.

Un, deux, trois, quatre.

Cessez.

Au commandement de *En position*, rapprocher les pieds l'un contre l'autre et porter le haut du corps un peu en avant.

1. Abaisser le corps en pliant les jarrets, de manière que les cuisses touchent, autant que possible, les mollets, les bras tombant naturellement, le poids du corps portant sur la pointe des pieds.

2. Se relever, le corps d'aplomb, fléchir les bras et porter les poings aux épaules.

3. Élever les bras verticalement.

4. Ramener les poings à hauteur des épaules, et répéter le mouvement, en partant de cette dernière position.

Au commandement de *Cessez*, laisser tomber les bras à leur première position et ouvrir la pointe des pieds.

4e Exercice. — **Mouvement vertical des bras sans flexion, en portant alternativement les jambes en avant; en deux temps.**

121. Le professeur commande :

Attention.

Mouvement vertical des bras sans flexion,
en portant la jambe gauche en avant.
UN, DEUX.
CESSEZ.

1. Porter la jambe gauche en avant et élever en même temps les bras sans flexion au-dessus des épaules.

2. Ramener la jambe à sa position en plaçant les bras à leur position première, répéter le même mouvement la jambe droite en avant, en élevant les bras, jusqu'au commandement de *Cessez.*

5ᵉ EXERCICE. — **Mouvement vertical des bras avec flexion, en portant alternativement les jambes en avant; en quatre temps.**

122. Le professeur commande :

Attention.
Mouvement vertical des bras avec flexion,
en portant la jambe gauche en avant.
UN, DEUX, TROIS, QUATRE.
CESSEZ.

1. Porter les poignets en ligne droite devant les épaules.

2. Porter la jambe gauche en avant, en lançant les poignets verticalement au-dessus des épaules.

3. Replacer les poignets devant les épaules, les coudes un peu élevés et la jambe gauche près de la droite.

4. Reporter les bras à leur position d'origine. Répéter le même mouvement avec la jambe droite en avant jusqu'au commandement de *Cessez*.

6ᵉ EXERCICE. — **Porter alternativement (simultanément) les extrémités des membres supérieurs et inférieurs** *du même côté*, **en avant en faisant agir les bras pliés et ensuite allongés en demi-circumduction; en quatre temps.**

123. Le professeur commande :

Attention.

Portez alternativement les extrémités supérieures et inférieures du même côté, en faisant agir les bras pliés et ensuite allongés en demi-circumduction.

UN, DEUX, TROIS, QUATRE.

1. Tourner la main droite en pronation, la remonter jusqu'à hauteur de l'épaule et

renverser le poignet, les ongles des doigts face au corps.

2. Porter le poignet et le pied droits en avant à petite distance du gauche, le corps effacé.

3. S'élever le plus possible sur la pointe du pied en portant le corps en avant, et par un mouvement doux porter l'avant-bras horizontalement au-dessus de la tête, le corps revenant face en avant.

4. Étendre le bras sur le côté en faisant décrire au poignet le plus grand arc de cercle possible et placer le bras près du corps en même temps que la jambe droite près de la gauche.

Répéter les mêmes mouvements avec les extrémités gauches jusqu'au commandement de *Cessez*.

124. Cet exercice s'exécute aussi en portant *simultanément* les extrémités des membres supérieurs et inférieurs du même côté, et en portant les extrémités *opposées* en avant, c'est-à-dire le bras droit en même temps que la jambe gauche, et *vice versa*; le professeur l'indique dans le commandement.

7° EXERCICE. — **Mouvement de flexion du corps en avant sur la cuisse droite (*ou* gauche) et mouvement vertical des bras ; en quatre temps.**

125. Le professeur commande :

Attention.
Mouvement de flexion du corps en avant sur la cuisse droite (gauche), et mouvement vertical des bras; en quatre temps.
EN POSITION.
UN, DEUX, TROIS, QUATRE.
CESSEZ.

En position, porter le pied droit (gauche) en avant, le jarret plié, la jambe gauche (droite) tendue.

1. Incliner fortement le haut du corps en avant en conservant le jarret gauche (droit) tendu, et porter les poings près du sol.

2. Se redresser, porter les poings aux épaules.

3. Développer les bras verticalement.

4. Ramener les poings aux épaules.

Continuer ainsi, en partant de cette dernière position, jusqu'au commandement de

Cessez. A ce commandement, laisser tomber les bras à leur première position et rapprocher le talon droit du talon gauche.

Exécuter le même exercice sur la jambe gauche.

Cet exercice s'exécute aussi en pivotant sur les talons (*volte-face*).

8e Exercice. — **Mouvement alternatif des bras** (*flexion et extension*) **et des jambes en avant; en quatre temps.**

126. Le professeur commande :

Attention.
Mouvement alternatif des bras et des jambes en avant; en quatre temps.
Un, deux, trois, quatre.
Cessez.

1. Fléchir l'avant-bras droit et porter le poing à l'épaule.

2. Étendre le bras horizontalement en portant le pied droit en avant, le jarret droit plié, la jambe gauche étendue.

3. Ramener le poing à l'épaule.

4. Rapprocher le talon droit du gauche et laisser tomber le bras à sa première posi-

tion. Continuer jusqu'au commandement de *Cessez.*

Exécuter le même mouvement avec les extrémités gauches.

9e Exercice. — Mouvement simultané des bras (*flexion et extension*) et alternatif des jambes en avant; en quatre temps.

127. Le professeur commande :

Attention.
Mouvement simultané des bras et alternatif des jambes en avant; en quatre temps.

Un, deux, trois, quatre.
Cessez.

1. Fléchir les avant-bras et porter les poings aux épaules.

2. Étendre les bras horizontalement, en portant le pied droit en avant, le jarret droit plié, la jambe gauche tendue.

3. Ramener les poings aux épaules.

4. Rapporter le talon droit à côté du gauche et laisser tomber les bras à leur première position.

Continuer ce mouvement, des deux jambes alternativement, jusqu'au commandement de *Cessez*.

10e Exercice. — **Mouvement alternatif des bras et des jambes en avant, en portant ensuite les bras tendus sur les côtés; en quatre temps.**

128. Le professeur commande :

Attention.
Mouvement alternatif des bras et des jambes en avant, en portant ensuite les bras tendus sur les côtés; en quatre temps.

Un, deux, trois, quatre.
Cessez.

1. Fléchir l'avant-bras droit et porter le poing à hauteur de l'épaule.

2. Développer le bras devant soi, en portant le pied droit en avant, le jarret fléchi, la jambe gauche tendue.

3. Porter le bras latéralement.

4. Le ramener tendu à sa première position, et rapporter en même temps le pied droit à côté du gauche.

Exécuter le même mouvement avec les extrémités gauches, et continuer ainsi jusqu'au commandement de *Cessez.*

11° Exercice. — **Mouvement simultané des bras et alternatif des jambes, en portant ensuite les bras tendus sur les côtés; en quatre temps.**

129. Le professeur commande :

Attention.
Mouvement simultané des bras et alternatif des jambes en avant, en portant ensuite les bras tendus sur les côtés; en quatre temps.
Un, deux, trois, quatre.
Cessez.

1. Fléchir les avant-bras et porter les poings à hauteur des épaules.

2. Développer les bras devant soi, en portant le pied droit en avant, le jarret fléchi, la jambe gauche étendue.

3. Porter les bras latéralement.

4. Les laisser tomber à leur première position et rapporter en même temps le pied droit à côté du gauche.

Continuer le mouvement des deux jambes alternativement, jusqu'au commandement de *Cessez.*

12e Exercice. — **Mouvement de flexion et extension simultanée et latérale des membres supérieurs, et alternative des membres inférieurs ; en quatre temps.**

130. Le professeur commande :

Attention.
Mouvement de flexion et extension simultanée et latérale des bras, et alternative des jambes; en quatre temps.
Un, deux, trois, quatre.
Cessez.

1. Fléchir les avant-bras et porter les poings à hauteur des épaules.

2. Étendre les bras en portant le pied droit sur le côté; la pointe du pied en dehors, le jarret droit fléchi, la jambe gauche tendue.

3. Ramener les poings aux épaules.

4. Rapporter le pied droit à côté du gauche et laisser tomber les bras à leur position, en comptant *quatre.*

Continuer le mouvement des deux jambes alternativement, jusqu'au commandement de *Cessez*.

13e EXERCICE. — **Mouvement de flexion des jambes et mouvement horizontal des bras sur les côtés; en quatre temps.**

121. Le professeur commande :

Attention.
Flexion des jambes et mouvement horizontal des bras sur les côtés; en quatre temps.
EN POSITION.
UN, DEUX, TROIS, QUATRE.
CESSEZ.

Au commandement de *En position*, rapprocher les pieds l'un contre l'autre et porter le haut du corps un peu en avant.

1. Abaisser lentement le corps en pliant les jarrets, de manière que les cuisses touchent les mollets, les bras pendant naturellement, le poids du corps sur la pointe des pieds.

2. Se relever ensuite graduellement, le corps d'aplomb, fléchir les avant-bras et porter les poings aux épaules.

3. Étendre les bras latéralement.

4. Ramener les poings aux épaules, et continuer le mouvement, en partant de cette dernière position, jusqu'au commandement de *Cessez*. A ce commandement, laisser tomber les bras à leur position, et ouvrir la pointe des pieds.

14e Exercice. — **Mouvement vertical des bras, en marchant au pas accéléré** (*flexion et extension*); **en quatre temps.**

132. Le professeur commande :

Attention.
Mouvement vertical des bras, en marchant au pas accéléré; en quatre temps.
Marche.
Un, deux, trois, quatre.
Halte.

1. Fléchir les avant-bras et porter en même temps le pied gauche en avant.

2. Élever les bras verticalement et porter le pied droit en avant.

3. Ramener les poings aux épaules et porter le pied gauche en avant.

4. Descendre les mains à leur première position pour terminer sur le pied droit.

Continuer jusqu'au commandement de *Halte*. A ce commandement, rapporter le pied droit à côté du gauche, et reprendre la première position.

15ᵉ EXERCICE. — **Mouvement latéral des bras, en marchant au pas accéléré** (*flexion et extension*); **en quatre temps.**

133. Le professeur commande :

Attention.
Mouvement latéral des bras, en marchant au pas accéléré; en quatre temps.

MARCHE.
UN, DEUX, TROIS, QUATRE.
HALTE.

1. Fléchir les avant-bras et porter en même temps le pied gauche en avant.

2. Étendre les bras sur les côtés, porter le pied droit en avant.

3. Ramener les deux poings aux épaules et porter en même temps le pied gauche en avant.

4. Laisser tomber les bras à leur première position pour terminer sur le pied droit,

et continuer ainsi jusqu'au commandement de *Halte*.

16ᵉ EXERCICE. — **Mouvement de flexion et d'extension simultanée des bras en avant, les rapprocher du corps dans la flexion, en avançant ; en quatre temps.**

134. Le professeur commande :

Attention.
Mouvement de flexion et d'extension simultanée des bras en avançant; en quatre temps.
MARCHE.
UN, DEUX, TROIS, QUATRE.
HALTE.

1. Fléchir les avant-bras, porter les poings à hauteur des épaules et avancer en même temps le pied gauche.

2. Étendre les bras en avant.

3. Ramener les poings aux épaules.

4. Laisser tomber les bras à leur première position.

Exécuter le même mouvement avec la jambe droite, et continuer jusqu'au commandement de *Halte*.

A ce commandement, ramener le pied qui est en arrière à côté de l'autre, et reprendre la première position.

17e Exercice. — **Mouvement d'extension des bras en avant alternativement, et les ramener dans l'extension sur les côtés du corps, en avançant la jambe du même côté ; en quatre temps.**

135. Le professeur commande :

Attention.
Mouvement alternatif des bras et des jambes en avant, en portant ensuite les bras tendus sur les côtés; en quatre temps.
Marche.
Un, deux, trois, quatre.
Halte.

1. Fléchir l'avant-bras droit et porter en même temps le pied droit en avant.

2. Développer le bras en avant.

3. Le porter tendu sur le côté.

4. Le laisser tomber à sa première position.

18e Exercice. — **Mouvement d'extension des bras en avant, les porter ensuite ten-**

dus sur les côtés, au pas accéléré ; en quatre temps.

136. Le professeur commande :

Attention.
Mouvement d'extension des bras en avant, les porter ensuite tendus sur les côtés, au pas accéléré ; en quatre temps.
MARCHE.
UN, DEUX, TROIS, QUATRE.
HALTE.

1. Fléchir les avant-bras, et porter en même temps le pied gauche en avant.

2. Développer le bras en avant et avancer le pied droit.

3. Étendre les bras latéralement et porter le pied gauche en avant.

4. Laisser tomber les bras à leur première position pour terminer sur le pied droit, en comptant *quatre*, et continuer ainsi jusqu'au commandement de *Halte.*

A ce commandement, rapporter le pied droit à côté du gauche, et reprendre la première position.

Exécuter le même mouvement avec les extrémités gauches, et continuer ainsi jusqu'au commandement de *Halte.*

A ce commandement, ramener le pied qui est en arrière à côté de l'autre, et reprendre la première position.

19e Exercice. — **Mouvement d'extension des bras en avant alternativement, et les ramener dans l'extension sur les côtés du corps, en marchant en arrière; en quatre temps.**

137. Le professeur commande :

Attention.

Mouvement d'extension des bras alternativement en avant, et les ramener ensuite tendus sur les côtés, en marchant en arrière; en quatre temps.

Marche.

Un, deux, trois, quatre.

Halte.

1. Fléchir l'avant-bras droit et porter en même temps le pied droit en arrière.

2. Développer le bras en avant.

3. Le porter tendu sur le côté.

4. Le laisser tomber à sa première position.

Exécuter le même mouvement avec les extrémités gauches, et continuer ainsi jusqu'au commandement de *Halte*.

A ce commandement, rapporter le pied qui est en avant à côté de l'autre et reprendre la première position.

20° EXERCICE. — **Mouvement d'extension des bras en avant simultanément, et les ramener dans l'extension sur les côtés du corps, en avançant ; en quatre temps.**

138. Le professeur commande :

Attention.

Mouvement simultané des bras et alternatif des jambes en avant, en portant ensuite les bras tendus sur les côtés ; en quatre temps.

MARCHE.

UN, DEUX, TROIS, QUATRE.

HALTE.

1. Fléchir les avant-bras et porter en même temps le pied gauche en avant.

2. Développer les bras en avant.

3. Les porter tendus sur les côtés.

4. Les laisser tomber à leur première position.

Exécuter le même mouvement avec la jambe droite et continuer ainsi jusqu'au commandement de *Halte*.

A ce commandement, ramener le pied qui est en arrière à côté de l'autre, et reprendre la première position.

21° EXERCICE. — **Porter les bras simultanément en avant, et les ramener dans l'extension sur les côtés du corps, en marchant en arrière; en quatre temps.**

139. Le professeur commande :

Attention.

Mouvement d'extension des bras simultanément en avant, et les ramener ensuite tendus sur les côtés, en marchant en arrière; en quatre temps.

MARCHE.

UN, DEUX, TROIS, QUATRE.

HALTE.

1. Fléchir les avant-bras et porter en même temps le pied gauche en arrière.

2. Développer les bras en avant.

3. Les porter tendus sur les côtés.

4. Les laisser tomber à leur première position.

Exécuter le même mouvement avec la jambe droite, et continuer ainsi jusqu'au commandement de *Halte*.

A ce commandement, rapporter le pied qui est en avant à côté de l'autre, et reprendre la première position.

22e Exercice. — **Porter les bras alternativement en avant et les ramener dans l'extension sur le côté du corps, en avançant la jambe du côté opposé ; en quatre temps.**

140. Le professeur commande :

Attention.
Mouvement alternatif des extrémités opposées, en avançant; en quatre temps.
Marche.
Un, deux, trois, quatre.
Halte.

1. Fléchir l'avant-bras droit, et porter en même temps le pied gauche en avant.

2. Développer le bras en avant.

3. Le porter tendu sur le côté.

4. Le laisser tomber à sa première position.

Exécuter le même mouvement avec le bras gauche et la jambe droite, et continuer ainsi jusqu'au commandement de *Halte*.

A ce commandement, rapporter le pied

qui est en arrière à côté de l'autre, et reprendre la première position.

23e Exercice. — **Mouvement d'extension du bras en avant, alternativement, et le ramener dans l'extension sur le coté du corps, en marchant en arrière; en quatre temps.**

141. Le professeur commande :

Attention.
Mouvement alternatif des extrémités opposées, en marchant en arrière; en quatre temps.
Marche.
Un, deux, trois, quatre.
Halte.

1. Fléchir l'avant-bras droit, et porter en même temps le pied gauche en arrière.

2. Développer le bras en avant.

3. Le porter tendu sur le côté.

4. Le laisser tomber à sa première position.

Exécuter le même mouvement avec le bras gauche et la jambe droite, et continuer ainsi jusqu'au commandement de *Halte*.

A ce commandement, rapporter le pied

qui est en avant à côté de l'autre, et reprendre la première position.

24e EXERCICE. — **Flexion du tronc sur la cuisse en marchant en avant, et mouvement vertical des bras** (*flexion et extension*) ; **en quatre temps.**

142. Le professeur commande :

Attention.

Flexion du tronc sur la cuisse en marchant en avant, et mouvement vertical des bras; en quatre temps.

MARCHE.

UN, DEUX, TROIS, QUATRE.

HALTE.

1. Porter le pied gauche en avant, le jarret plié, la jambe droite tendue; incliner fortement le haut du corps en avant, en conservant le jarret droit tendu, et porter les poings près du sol.

2. Se redresser, porter les poings aux épaules.

3. Développer les bras verticalement.

4. Ramener les poings aux épaules.

Exécuter le même mouvement sur la

jambe droite, en partant de cette dernière position, et continuer ainsi jusqu'au commandement de *Halte*.

A ce commandement, rapporter le pied qui est en arrière à côté de l'autre, et reprendre la première position.

25e EXERCICE. — **Flexion du tronc sur la cuisse en marchant en arrière, et mouvement vertical des bras** (*flexion et extension*) ; **en quatre temps.**

143. Le professeur commande :

Attention.
Flexion du tronc sur la cuisse en marchant en arrière et mouvement vertical des bras ; en quatre temps.
MARCHE.
UN, DEUX, TROIS, QUATRE.
HALTE.

1. Porter le pied gauche en arrière, le jarret droit plié, la jambe gauche tendue ; incliner le haut du corps en avant, en conservant le jarret gauche tendu, et porter les poings près du sol.

2. Se redresser, porter les poings aux épaules.

3. Développer les bras verticalement.

4. Ramener les poings aux épaules.

Exécuter le même mouvement en portant le pied droit en arrière et continuer jusqu'au commandement de *Halte*.

A ce commandement, rapporter le pied qui est en avant à côté de l'autre et reprendre la première position.

CHAPITRE II.

COURSES OU PAS GYMNASTIQUE.

144. La course est l'un des points les plus importants de la gymnastique, à lui seul il constitue un exercice complet et il contribue notablement au développement qu'il importe de donner à la jeunesse; toutefois, c'est seulement dans l'intérieur des écoles qu'elle sera pratiquée.

La cadence est le moyen le plus sûr pour assurer la régularité du pas.

145. On commencera l'étude de la course par le pas gymnastique sur place; dans cet exercice, comme dans les applications des exercices suivants, les élèves lèvent le genou en avant, en allongeant le pied, de manière que le pied détaché du sol retombe sur son tiers antérieur au plus et non sur une plus grande étendue ; le mouvement doit s'effectuer selon le plan postero-antérieur du corps et non obliquement ; cette prescription est très importante : il faut éviter de poser obliquement le pied sur le sol.

146. Pendant la course, le corps sera légèrement penché en avant, de telle sorte que la propulsion par les pieds s'effectue obliquement et non verticalement ; les avant-bras en demi-flexion, dégagés du corps, les mains fermées, les bras oscillant naturellement.

147. La respiration joue pendant la course un rôle capital ; l'expérience comme la science ont appris qu'il faut *inspirer* par le nez méthodiquement et *expirer* par la bouche. On recommandera aux élèves d'observer leur respiration et de s'efforcer de la régler d'après les mêmes principes, en faisant de profondes inspirations nasales ; de bonnes habitudes prises au début dans cet exercice le rendront plus facile. En général, la course ne devra pas durer plus de cinq minutes.

148. Pendant les promenades et les courses, une attention particulière sera donnée aux chaussures, dont le talon devra toujours être large et plat.

Les principes de courses comprennent trois exercices.

1er Exercice. — **Course dans les chaînes gymnastiques.**

149. Les élèves étant placées dans les chaînes gymnastiques, sur un rang, par le flanc et à trois pas d'intervalle, le professeur commande :

En avant.
Pas gymnastique.
Marche.
Halte.

Au commencement de *En avant,* porter tout le poids du corps sur la jambe droite.

A celui de *Pas gymnastique,* placer les mains à hauteur des hanches, les doigts fermés, les ongles en dedans, les coudes en arrière.

Au commandement de *Marche,* porter vivement le pied gauche en avant, la jambe légèrement ployée, poser la pointe du pied à terre, passer la jambe droite de la même manière, et continuer ainsi en portant le poids du corps sur la jambe qui pose à terre et en laissant aux bras leur mouvement naturel.

La première élève (un professeur adjoint ou une élève bien exercée) parcourt successivement toutes les sinuosités des chaînes, sans s'arrêter; les autres la suivent en conservant leur distance.

Lorsque les élèves se rencontrent aux intersections des cercles (ou pistes), elles raccourcissent ou allongent le pas, afin de ne pas se heurter et pour éviter que deux élèves ne passent dans le même intervalle. (Fig. 15.)

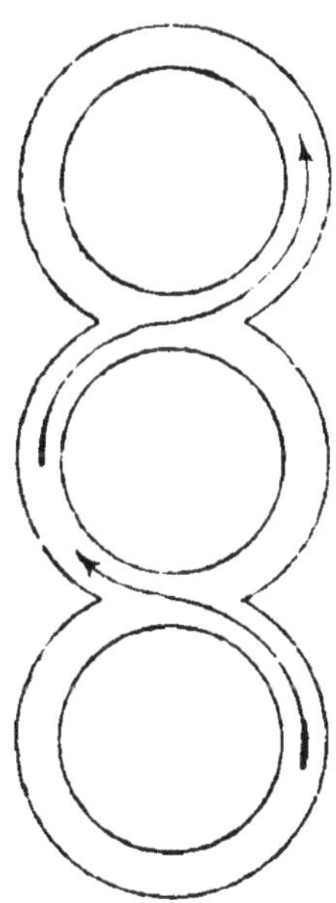
Fig. 15.

Le professeur se place de manière à surveiller cet exercice dans tous ses détails, et arrête la section lorsqu'il le juge convenable.

La vitesse du pas gymnastique est d'environ 170 mouvements par minute.

2e Exercice. — **Course sinueuse.**

150. Les élèves étant sur un rang et par

le flanc (*une élève bien exercée placée en tête*), le professeur commande :

En avant.
PAS GYMNASTIQUE.
MARCHE.

Aux commandements de *En avant, Pas gymnastique,* prendre la position prescrite par l'exercice précédent.

Au commandement de *Marche,* la première élève se met en mouvement, décrit en courant tantôt un demi-cercle, tantôt un cercle; quelquefois elle rétrograde, elle avance, elle va à droite et à gauche, etc., d'après l'indication du professeur; les autres élèves la suivent.

3e EXERCICE. — **Course en spirale.**

151. Les élèves étant placées sur un rang et par le flanc, le professeur les fait courir en cercle, et commande ensuite :

FORMEZ LA SPIRALE.

A ce commandement, l'élève placée en tête du peloton entre dans le cercle et forme la spirale, en diminuant la circonférence jusqu'à ce qu'elle soit arrivée au point de centre.

Arrivée à ce point, elle tourne à droite (ou à gauche) et développe la spirale en revenant en sens contraire du peloton, qui continue à suivre ses traces, jusqu'au commandement de *Section* — HALTE.

CHAPITRE III.

SAUTS.

OBSERVATIONS GÉNÉRALES.

152. Les circonstances dans lesquelles le saut doit être exécuté sont souvent imprévues et demandent une décision prompte. Il importe que les élèves se pénètrent des principes suivants, de manière à en faire, en toute circonstance, l'application spontanée.

1° Juger rapidement, de l'œil, l'obstacle ainsi que le terrain en deçà et au delà.

On reconnaît le terrain en deçà pour bien choisir le point du principal élan; sur un terrain trop lisse, le pied peut glisser; sur un terrain mou, il ne trouve pas de point d'appui solide.

Par l'inspection du sol au delà de l'obstacle, on choisit son point d'arrivée, on prévoit les difficultés qu'on y rencontrera.

Une différence de niveau entre le point de départ et le point de chute modifie sensiblement l'amplitude du saut.

2° La respiration doit être suspendue pendant le saut, et l'air dont la poitrine a été préalablement remplie doit être expiré au moment où l'élève retombe à terre.

3° Dans les sauts en largeur ou en hauteur, projeter vivement les poings fermés dans la direction que doit suivre le corps, afin d'augmenter l'impulsion donnée par les jambes.

4° Dans les sauts en profondeur, élever les bras verticalement dès que le corps commence à descendre,

Afin que le corps, arrivant à terre sur la pointe des pieds, puisse s'affaisser verticalement sans perdre son aplomb.

5° Conserver les bras, pendant toute la durée du saut, dans la position parallèle qu'ils avaient au départ,

Pour éviter de déranger l'équilibre.

6° Dans les sauts en largeur, pencher le corps en avant,

Pour que, les jambes agissant sur lui plus obliquement, leur impulsion soit plus efficace.

La recommandation de précipiter les derniers mouvements de la course dont on fait précéder le saut avec élan en avant a pour principal avantage de permettre d'incliner le corps le plus possible.

7° Tomber sur la pointe des pieds, les jambes réunies, en fléchissant toutes les articulations que présente le corps de haut en bas,

Afin que la secousse ne soit transmise à la tête qu'atténuée par de nombreuses décompositions. Les articulations des pieds concourent efficacement à ce résultat, et il serait dangereux d'en annihiler l'emploi en tombant sur la plante des pieds et surtout sur les talons.

8° Éviter un affaissement trop brusque du corps; à cet effet, donner à toutes les articulations fléchies un mouvement général et souple de redressement, de manière à former un léger bond sur place.

9° En arrivant à terre, s'abstenir de tout mouvement inutile, de toute position raide et gênée qui ne tendrait pas à rendre l'équilibre.

Les exercices des sauts sont au nombre de trois.

ART. 1er. — SAUTS À PIEDS JOINTS.

1er EXERCICE. — **Saut en largeur en avant.**

153. Le professeur commande :

Attention.
Saut en largeur en avant.
UN, DEUX, TROIS.

Saut en largeur et en avant, fermer la pointe des pieds.

1. Fléchir sur les extrémités inférieures en soulevant légèrement les talons et en tendant les bras en arrière, les poings fer-

Fig. 16. Fig. 17.

més. (Fig. 16.) Se redresser, les bras portés en avant à hauteur des épaules. (Fig. 17.)

2. Répéter ce mouvement.

3. Recommencer le mouvement, étendre vivement les jarrets en jetant vivement les bras en avant, franchir la distance ou l'obstacle, tomber sur la pointe des pieds, fléchir et se redresser.

2° Exercice. — **Saut en profondeur simple.** (Hauteur maximum 1m.)

154. L'élève étant placée à la

Fig. 18.

hauteur choisie, le professeur commande :

Attention.
Saut en profondeur simple en avant.
UN.
DEUX.
TROIS.

Saut en profondeur simple en avant, fermer la pointe des pieds et les placer légèrement en saillie.

1. Fléchir légèrement les extrémités inférieures en portant les poings en l'air, les bras tendus parallèlement, et revenir à sa position. (Fig. 18.)

2. Répéter ce mouvement.

3. Fléchir de nouveau sur les extrémités inférieures, de manière à diminuer le plus possible la hauteur du corps, quitter l'élévation en allongeant les jambes et en portant les bras en l'air, tomber sur la pointe des pieds en fléchissant et reprendre sa première position. (Fig. 18.)

3e EXERCICE. — Saut en largeur et profondeur en avant.

155. L'élève étant montée sur un mur, le professeur commande :

Attention.
Saut en largeur et profondeur.

UN.
DEUX.
TROIS.

A ces divers commandements, exécuter ce qui a été prescrit pour le saut en largeur,

Fig. 19.

en ayant soin toutefois de porter les bras en avant, au départ, et en l'air à la chute. (Fig. 19.)

Art. 2. — Sauts précédés d'une course.

156. Ces sauts comprennent deux exercices :

1er Exercice. — **Saut en hauteur en avant.**

157. A l'avertissement du professeur, l'élève placée à quelques pas en avant du sautoir s'y dirige par une course progressive, arrivée au point indiqué elle presse le sol du pied qui est en avant, donne un fort mouvement d'extension à la jambe en s'efforçant, pour franchir l'obstacle, de favoriser l'élévation du corps par un mouvement énergique des bras de bas en haut. Le corps ramassé se développe ensuite après avoir franchi l'obstacle au bas duquel l'élève doit arriver, et les bras pour en déterminer l'équilibre sont tendus au-dessus des épaules selon le principe du saut en profondeur simple, la tête droite.

2e Exercice. — **Saut en largeur en avant.**

158. Cet exercice s'exécute comme le

précédent, mais l'allure doit devenir plus rapide et les pas plus petits à mesure que l'élève se rapproche du point indiqué; arrivée là, elle presse le sol du pied qui est en avant, donne un fort mouvement d'extension à la jambe, s'élance le plus loin possible, le corps ramassé, les jambes ployées et réunies, les poings fermés, les bras tendus parallèlement et à hauteur des épaules, tombe à terre sur la pointe des pieds et fléchit, en conservant les bras tendus en avant, la tête droite.

CHAPITRE IV.

ÉQUILIBRES.

Les équilibres comprennent trois exercices :

1er Exercice. — **Se tenir sur une jambe, l'autre ployée en arrière.**

159. Le professeur commande :

Attention.

Équilibre sur le pied droit, la jambe gauche ployée en arrière.

EN POSITION.

En place — REPOS.

Équilibre sur le pied droit, la jambe gauche ployée en arrière, porter tout le poids du corps sur le pied droit.

Fig. 20.

En position, fléchir la jambe gauche en arrière, la saisir en dehors au cou-de-pied avec la main gauche, l'appuyer fortement sur la cuisse qui reste verticale, le bras droit en l'air, le poing fermé, les ongles en dedans. Se tenir dans cette position jusqu'au commandement de *En place* — REPOS; lâcher alors la jambe et revenir à la position. (Fig. 20.)

L'équilibre sur le pied gauche s'exécute d'après les mêmes principes.

2° Exercice. — **Se pencher en avant sur un pied.**

160. Le professeur commande :

Attention.
Équilibre sur le pied gauche, le corps penché en avant.

Fig. 21.

En position.
En place — repos.

Équilibre sur le pied gauche, le corps penché en avant, porter tout le poids du corps sur le pied gauche.

En position, porter le corps en avant, le bras droit tendu, le poing à hauteur de l'épaule, les ongles en dedans; fléchir la jambe droite, l'épaule gauche légèrement effacée, le bras gauche et la jambe allongés en arrière le plus possible, le poing fermé, les ongles en avant, la pointe du pied dirigée vers la terre. Se tenir dans cette position jusqu'au commandement de *En place* — REPOS. A ce commandement, revenir à la position. (Fig. 21.)

L'équilibre sur le pied droit s'exécute d'après les mêmes principes.

3ᵉ EXERCICE. — **Se pencher en arrière sur un pied.**

161. Le professeur commande :

Attention.

Équilibre sur le pied gauche, le corps penché en arrière.

EN POSITION.

En place — REPOS.

Équilibre sur le pied gauche, le corps penché en arrière, porter tout le poids du corps sur le pied gauche.

En position, porter le haut du corps en arrière le plus possible, en fléchissant la

Fig. 22.

jambe gauche, le bras droit et la jambe tendus en avant, les poings fermés, les ongles en dedans, le bras gauche pendant naturellement.

Se tenir dans cette position jusqu'au commandement de *En place* — REPOS.

L'équilibre sur le pied droit s'exécute d'après les mêmes principes. (Fig. 22.)

CHAPITRE V.

NATATION.

ART. 1er. — MOUVEMENTS PRÉPARATOIRES À SEC.

Les mouvements élémentaires à sec comprennent cinq exercices.

162. Les élèves ne sachant pas nager doivent être exercées tout d'abord aux mouvements préparatoires suivants de la natation à sec, d'abord debout, ensuite sur un chevalet ou sur un banc. On doit insister sur ces mouvements jusqu'à ce qu'ils soient devenus tellement familiers aux élèves, que celles-ci puissent, sans tension d'esprit, et tout naturellement, en faire l'application à l'eau.

1er EXERCICE. — **Mouvements de natation. — Développement de la jambe droite (*ou* gauche) et du bras droit, sur le pied gauche (*ou* droit).**

163. Le professeur commande :

Attention.

Mouvement de natation, développement de la jambe et du bras droits (gauches).

Sur le pied gauche (droit) — EN POSITION.

UN, DEUX.

CESSEZ.

Sur le pied gauche (ou droit) en position, porter tout le poids du corps sur le pied gauche (droit), le talon droit (gauche) à hauteur du genou gauche (droit), le genou droit (gauche) écarté en dehors le plus possible, le talon touchant l'articulation du genou, la pointe du pied ouverte et levée; porter le coude droit (gauche) au corps, l'avant-bras verticalement placé, la main ouverte, les doigts allongés et joints, la paume de la main tournée vers la figure. (Fig. 23.)

Fig. 23.

1. Étendre vivement et simultanément le bras en haut et la jambe en bas, en écartant celle-ci à droite, le genou en dehors, la pointe du pied levée, et en fléchissant la jambe opposée. (Fig. 24.)

Fig. 24.

2. Fléchir le bras et la jambe en se redressant pour revenir à la position indiquée.

Le professeur aura soin d'insister également sur le développement de la jambe et du bras gauches, et de répéter cet exercice le plus longtemps possible afin d'habituer les extrémités à se développer en sens inverse.

2° Exercice. — **Mouvements de natation. — Exercice des bras.**

164. Le professeur commande :

Attention.

Mouvement de natation, exercice des bras.

En position.

Un, deux, trois.

En position, porter les coudes au corps,

Fig. 25. Fig. 26.

rapprocher les paumes des mains l'une de l'autre, les doigts allongés, joints et dirigés en avant. (Fig. 25.)

1. Allonger vivement les bras horizontalement en avant, les mains jointes. (Fig. 26.)

2. Séparer les mains à environ 16 centimètres, les paumes en dessous, le côté extérieur de la main un peu élevé, les bras allongés.

Fig. 27.

3. Décrire lentement un demi-cercle de chaque main, les bras tendus, et rapprocher les coudes du corps, en revenant à la première position de cet exercice. (Fig. 27.)

5

3e Exercice. — **Mouvements de natation. — Exercice des jambes.**

165. Le professeur commande :

Attention. — Mains sur les hanches.
Mouvements de natation, exercice des jambes.
Sur le pied gauche (droit) — en position.
Un, deux, trois.

Mains sur les hanches, placer les mains sur les hanches.

Sur le pied gauche (droit) en position, porter tout le poids du corps sur le pied gauche. (Fig. 28.)

Fléchir la jambe droite et porter le talon droit contre l'articulation du genou gauche, le genou droit écarté en dehors, la pointe du pied levée. (Fig. 29.)

Fig. 28.

Fig. 29.

1. Allonger vivement la jambe droite (gauche), en l'écartant à droite (à gauche), la pointe du pied levée, le genou en de-

hors, et en fléchissant la jambe opposée. (Fig. 30.)

2. Rapprocher le genou droit du gauche, la jambe tendue en se relevant, les pieds en équerre. (Fig. 28.)

Fig. 30.

3. Fléchir la jambe droite (ou gauche) en revenant à la première position de cet exercice.

4ᵉ Exercice. — **Mouvements de natation. Exercice des bras et des jambes.**

166. Le professeur commande

Attention.

Mouvements de natation, exercice des bras et des jambes.
Sur le pied gauche (droit) EN POSITION.
UN, DEUX, TROIS.

Sur le pied gauche (droit) en position, porter le poids du corps sur le pied gauche (ou droit) et placer les mains et la jambe droite (ou gauche) aux positions indiquées au deuxième et au troisième exercice.

1. Allonger vivement et simultanément les bras et la jambe, celle-ci écartée en fléchissant.

2. Rapprocher les genoux en se redressant ; séparer les mains à environ 16 centimètres, les paumes en dessous, le côté extérieur un peu relevé.

3. Décrire lentement un demi-cercle de chaque main, les bras tendus ; rapprocher les coudes du corps et le talon du corps à la position indiquée.

5e EXERCICE. — **Mouvements de natation. Exercice sur le chevalet ou sur un banc.**

167. Le professeur commande :

Attention.
Mouvements de natation, exercice des bras et des jambes.

Sur le chevalet — EN POSITION.
UN, DEUX, TROIS.

Sur le chevalet en position, placer le corps en équilibre et suffisamment établi sur le chevalet ou le banc pour pouvoir faire agir les bras et les jambes. (Fig. 31.)

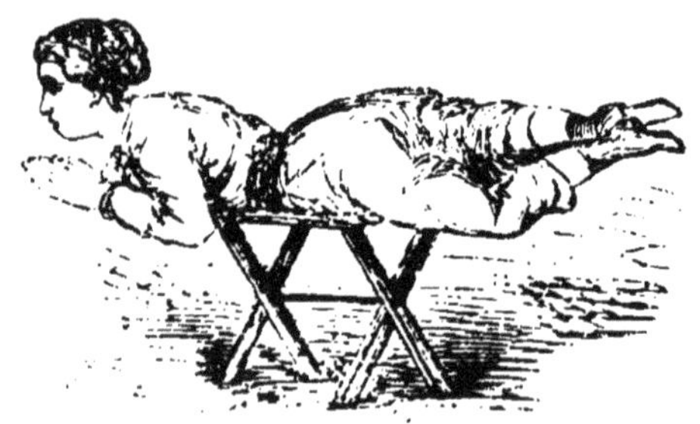

Fig. 31.

1. Allonger vivement les bras et les jambes, celles-ci écartées. (Fig. 32.)

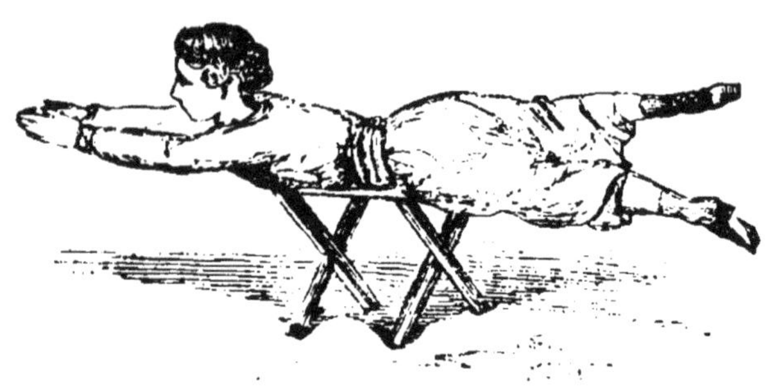

Fig. 32.

2. Rapprocher les genoux, les jambes

tendues, séparer les mains à 16 centimètres. (Fig. 33.)

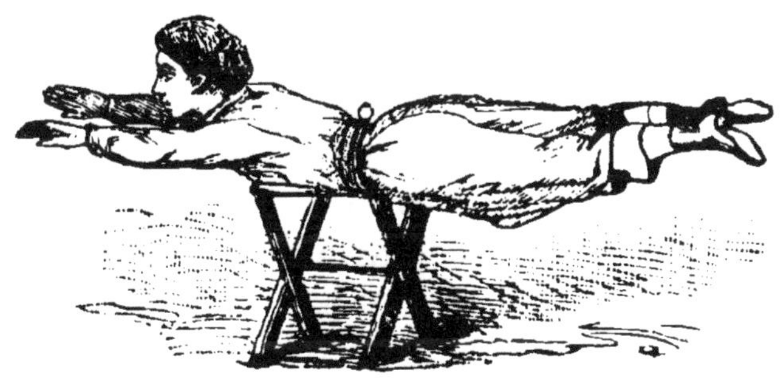

Fig. 33.

3. Décrire un demi-cercle de chaque main et rapprocher les talons du corps le plus possible. (Fig. 34.)

Fig. 34.

ART. 2. — 1° EXERCICES DANS L'EAU.

168. La première fois qu'on met une

élève à l'eau, on la soutient, quand il y a suffisamment pied, comme dans les écoles de nâtation, en mettant une main sous l'estomac; mais si l'eau est très profonde et que la leçon soit donnée du haut d'un pont ou d'un bateau, il faut soutenir l'élève par l'abdomen et les épaules au moyen de deux cordes, dont l'une est attachée à une ceinture, et dont l'autre fait l'office de brassière, que le professeur tient respectivement dans chaque main. Ce dernier fait appliquer les mouvements qu'il a enseignés sur le chevalet, et l'élève les exécute de mieux en mieux, au fur et à mesure qu'elle reprend dans l'eau son assurance. On l'abandonne alors peu à peu à elle-même, en continuant à la surveiller, jusqu'à ce qu'on ait acquis la certitude qu'elle n'a plus d'appréhension et qu'elle peut agir sans danger en pleine indépendance, comme nageur libre.

2° Nager sur le dos.

Un seul exercice.

169. Lorsque l'élève sait bien nager sur le ventre, on l'exerce à se retourner sur le dos, les jambes étendues, et à se mouvoir ainsi à la surface de l'eau pour se reposer, au moyen d'un mouvement horizontal des mains.

Pour avancer dans cette position, elle rapproche les talons du corps, les genoux écartés autant que possible, allonge vivement les jambes pour refouler l'eau en rapprochant les genoux, les mains aidant à ce mouvement.

3° PLONGER.

Un seul exercice.

170. Avant de faire plonger les élèves, on les habitue pendant quelque temps à remplir leurs poumons d'air et à l'y contenir le plus de temps possible sans le laisser circuler. On les exerce ensuite à cacher leur tête sous l'eau pendant quelques secondes, les yeux ouverts, afin de se familiariser avec cet élément.

Pour plonger, l'élève s'élance la tête la première et gagne le fond de l'eau en nageant.

Pour revenir à la surface, elle se place verticalement la tête en haut et nage dans cette position.

On habitue aussi les élèves à sauter debout dans l'eau ; dans ce cas, elles prennent un vigoureux élan et se jettent les pieds en avant, réunis et joints, les bras tendus le long des cuisses, la tête et le haut du corps légèrement inclinés en arrière.

Les élèves ou les maîtres nageurs sont toujours revêtus de la ceinture ou sangle munie d'une corde suffisamment longue, tenue par le surveillant.

FIN DE LA PREMIÈRE PARTIE.

DEUXIÈME PARTIE.

GYMNASTIQUE AVEC APPAREILS.

171. La gymnastique avec appareils, destinée seulement aux élèves des écoles normales d'institutrices, comprend les exercices suivants :

CHAPITRE PREMIER.

EXERCICES ÉLÉMENTAIRES AVEC INSTRUMENTS.

CHAPITRE II.

CHAPITRE PREMIER.

EXERCICES ÉLÉMENTAIRES AVEC INSTRUMENTS.

ART. 1er. — HALTÈRES.

172. Les haltères augmentent la résistance que les muscles ont à vaincre dans l'exécution des mouvements élémentaires. Ils habituent les élèves au maniement, à l'appréciation des poids, à la recherche des mouvements mieux combinés pour les soulever et les diriger. Le poids des haltères doit être proportionné à l'âge et à la force des élèves.

Pour les exercices qui suivent, le poids de chaque haltère variera de 250 grammes à 3 kilogrammes. De 8 à 18 ans, on augmentera, en général, le poids de 250 grammes par année, sans que cette règle soit rigoureuse.

Les maîtres surveilleront soigneusement le maintien des distances, en vue d'éviter les chocs.

Dans les salles pourvues d'un plancher, la place de chaque élève pourra être marquée d'un disque coloré.

173. Les exercices élémentaires qui peuvent être faits avec les haltères sont contenus dans la première partie du manuel; ils sont au nombre de quarante, savoir :

EXERCICE 1. Flexion du corps en avant, n° 92.

——— 2. Extension du corps en arrière, n° 93.

Exercice 3. Flexion latérale du corps à droite et à gauche, n° 94.

——— 4. Mouvement vertical alternatif des bras sans flexion, n° 95.

——— 5. Mouvement alternatif et vertical des bras, n° 96.

——— 6. Mouvement simultané et vertical des bras, n° 97.

——— 7. Mouvement alternatif des avant-bras, n° 98.

——— 8. Mouvement simultané des avant-bras, n° 99.

——— 9. Mouvement horizontal des bras en avant, n° 100.

——— 10. Mouvement de flexion et d'extension des bras portés alternativement en avant, n° 101.

——— 11. Mouvement de flexion et d'extension des bras portés simultanément en avant, n° 102.

——— 12. Circumduction du bras droit et du bras gauche, puis des deux bras simultanément, n° 103.

——— 13 Mouvements alternatifs de pronation et de supination des poignets, n° 104.

——— 14. Mouvement alternatif des bras, en les portant ensuite tendus sur les côtés, n° 105.

——— 15. Mouvements alternatifs (simultanés) des avant-bras sur les bras, sur les côtés, n° 106.

EXERCICE 16. Mouvements alternatifs et verticaux des bras avec flexion, n° 107.

———— 17. Mouvement de flexion en avant et redressement du corps sur la jambe gauche en avant, en faisant agir les bras tendus en circumduction, n° 117.

———— 18. Mouvement de flexion sur les extrémités inférieures, les bras placés horizontalement, n° 119.

———— 19. Mouvement de flexion sur les extrémités inférieures et mouvement vertical des bras, n° 120.

———— 20. Mouvement vertical des bras sans flexion en portant alternativement les jambes en avant, n° 121.

———— 21. Mouvement vertical des bras avec flexion, en portant alternativement les jambes en avant, n° 122.

———— 22. Mouvement de flexion du corps en avant sur la cuisse droite et mouvement vertical des bras, n° 125.

———— 23. Mouvement alternatif des bras et des jambes en avant, n° 126.

———— 24. Mouvement simultané des bras et alternatif des jambes en avant, n° 127.

———— 25. Mouvement alternatif des bras et des jambes en avant, en portant ensuite les bras tendus sur les côtés, n° 128.

———— 26. Mouvement simultané des bras et alternatif des jambes en avant, en portant ensuite les bras tendus sur les côtés, n° 129.

EXERCICE 27. Mouvement de flexion et d'extension simultanée et latérale des membres supérieurs et alternative des membres inférieurs, n° 130.

——— 28. Mouvement de flexion des jambes et mouvement horizontal des bras sur les côtés, n° 131.

——— 29. Mouvement vertical des bras, en marchant au pas accéléré, n° 132.

——— 30. Mouvement latéral des bras, en marchant au pas accéléré, n° 133.

——— 31. Mouvement de flexion et d'extension des bras en avant, en avançant, n° 134.

——— 32. Mouvement d'extention des bras en avant alternativement et les ramener dans l'extension sur les côtés du corps en avançant la jambe du même côté, n° 135.

——— 33. Mouvement d'extention des bras en avant, et ensuite tendus sur les côtés, au pas accéléré, n° 136.

——— 34. Mouvement d'extention des bras en avant, alternativement, et les ramener dans l'extension sur les côtés du corps, en marchant en arrière, n° 137.

——— 35. Mouvement d'extention des bras en avant, simultanément, et les ramener dans l'extension sur les côtés du corps, en avançant, n° 138.

EXERCICE 36. Mouvement des bras en avant, simultanément et les ramener dans l'extension sur les côtés du corps, en marchant en arrière, n° 139.

——— 37. Mouvement d'extension des bras en avant, alternativement, et les ramener dans l'extension sur les côtés du corps, etc., n° 140.

——— 38. Mouvement d'extension des bras en avant, alternativement, et les ramenerdans l'extension sur les côtés du corps, etc., n° 141.

——— 39. Flexion du tronc sur la cuisse en marchant en avant et mouvement vertical des bras, n° 142.

——— 40. Flexion du tronc sur la cuisse en marchant en arrière et mouvement vertical des bras, n° 143.

Art. 2. Bâton.

174. Les exercices du bâton ou de la barre à sphères ont surtout pour effet de donner aux articulations de l'épaule la souplesse et l'étendue convenables et par suite de favoriser l'élargissement de la cage thoracique dans sa partie supérieure. Il est nécessaire de s'assurer que ceux de ces exercices qui comprennent la circumduction du bras mettent en action l'articulation humérale, et non, par un artifice fréquemment employé, les articulations des vertèbres lombaires.

Cet article comprend vingt-trois exercices.

POSITION PRÉLIMINAIRE.

175. Le bâton (ou barre à sphères) sera placé dans la main droite de l'élève, au quart inférieur environ de sa longueur. La partie supérieure sera posée au-dessus de l'épaule et légèrement inclinée en arrière.

Les sections étant formées sur deux rangs, le professeur fera ouvrir les rangs, puis les intervalles dans chaque rang et commandera :

Prenez le bâton dans les deux mains.

Abattre le bâton dans la main gauche placée en supination, puis le ressaisir immédiatement avec cette même main tournée en pronation, les bras allongés, les deux mains un peu plus espacées que la largeur des épaules.

1er EXERCICE. — **Élever le bâton et le porter horizontalement en avant; en quatre temps.**

176. Le professeur commande :

Attention.

Élevez et portez le bâton horizontalement en avant; en quatre temps.
UN, DEUX, TROIS, QUATRE.
CESSEZ.

1. Élever le bâton à hauteur des épaules.
2. Le porter horizontalement en avant.
3. Le ramener près des épaules.
4. Revenir à la première position.

Continuer ainsi jusqu'au commandement de *Cessez.*

2e EXERCICE. — **Élever le bâton et le porter horizontalement à droite et à gauche; en quatre temps.**

177. Le professeur commande :

Attention.
Élevez et portez horizontalement le bâton à droite et à gauche; en quatre temps.
UN, DEUX, TROIS, QUATRE.
CESSEZ.

1. Élever le bâton à hauteur des épaules.
2. Le porter horizontalement à droite.
3. Le ramener vers le milieu du corps.
4. Revenir à la première position.

Exécuter le même exercice du côté gauche et continuer jusqu'au commandement de *Cessez.*

3ᵉ EXERCICE. — **Faire passer le bâton autour du corps ; en quatre temps.**

178. Le professeur commande :

Attention.
Mouvement du bâton autour du corps ; en quatre temps.

UN, DEUX, TROIS, QUATRE.
CESSEZ.

Fig. 35.

1. Élever le bâton verticalement avec la main droite en allongeant le bras gauche.

2. Passer l'avant-bras par-dessus la tête en allongeant le bras droit en arrière.

3. Élever ensuite le bâton avec la main gauche, passer l'avant-bras par dessus la tête.

4. Allonger le bras gauche en avant, en le ramenant à la position primitive.

9

Continuer ce mouvement alternatif jusqu'au commandement de *Cessez.*

Le mouvement vers la gauche s'exécute d'après les mêmes principes et par les moyens inverses.

4ᵉ Exercice. — **Passer le bâton par-dessus la tête, en avant et en arrière; en deux temps.**

179. Le professeur commande :

Attention.

Passez le bâton par-dessus la tête, en avant et en arrière, en deux temps.

Un, deux.

Cessez.

Fih. 36.

1. Faire passer le bâton par-dessus la tête, les bras allongés, le descendre derrière le corps, le plus possible sans cambrer les reins ni baisser la tête.

2. Le ramener par-dessus la tête, les bras allongés, à sa première position.

Continuer ainsi jusqu'au commandement de *Cessez.*

5° EXERCICE. — **Élever le bâton et le porter horizontalement en avant, avec mouvement de jambes ; en quatre temps.**

180. Le professeur commande :

Attention.
Élevez et portez le bâton horizontalement en avant avec mouvement de jambes ; en quatre temps.

UN, DEUX, TROIS, QUATRE.
CESSEZ.

Fig. 37.

1. Élever le bâton à hauteur des épaules, les bras fléchis.

2. Le porter horizontalement devant soi et avancer le pied droit.

3. Ramener le bâton près du corps, la jambe gauche pliée, le jarret droit tendu.

4. Rapprocher le pied gauche du droit et descendre le bâton à sa première position.

Continuer ce mouvement alternatif jusqu'au commandement de *Cessez*.

6e Exercice. — **Porter le bâton verticalement à droite et à gauche, en fléchissant le corps ; en trois temps.**

181. Le professeur commande :

Attention.

Portez le bâton verticalement à droite et à gauche, en fléchissant le corps ; en trois temps.

Un, deux, trois.

Cessez.

1. Élever le bâton au-dessus de la tête, les bras allongés, les yeux suivant le mouvement.

2. Pencher le corps à droite, porter le bâton verticalement sur ce côté, l'avant-bras gauche au-dessus de la tête.

3. Ramener le bâton au-dessus de la tête, en redressant le corps, et exécuter, sans s'arrêter, le même mouvement du côté gauche.

Continuer ainsi jusqu'au commandement de *Cessez*.

A ce commandement, revenir à la position initiale.

7° EXERCICE. — **Flexion du corps en avant sur la cuisse gauche (droite) et mouvement vertical du bras droit (gauche); en cinq temps.**

182. Le professeur commande :

Attention.
Flexion du corps sur la cuisse gauche (droite) *et mouvement vertical du bras droit* (gauche); *en cinq temps.*
UN, DEUX, TROIS, QUATRE, CINQ.
CESSEZ.

Fig. 38.

1. Saisir le bâton par le milieu avec la main droite; placer la main gauche sur la hanche et porter le pied gauche en avant.

2. Courber le corps en avant, le jarret gauche fléchi, la jambe droite tendue,

porter le bâton en avant du pied gauche et près du sol.

3. Se redresser en montant le bâton près du corps, jusqu'à hauteur des épaules.

4. Élever le bâton au-dessus de la tête en renversant le haut du corps en arrière.

5. Le ramener à hauteur des épaules.

Continuer le mouvement, en partant de cette dernière position, jusqu'au commandement de *Cessez*.

A ce commandement, descendre le bâton à sa position, le ressaisir des deux mains, et ramener le pied gauche à côté du droit.

8ᵉ Exercice. — **Élever le bâton au-dessus de la tête et le porter horizontalement à droite et à gauche; en trois temps.**

183. Le professeur commande:

Attention.

Élevez le bâton au-dessus de la tête et portez-le horizontalement à droite et à gauche; en trois temps.

Un, deux, trois.

Cessez.

1. Élever le bâton au-dessus de la tête, les bras allongés.

2. Le porter horizontalement à droite en allongeant le bras droit, le bras gauche raccourci.

3. Le porter ensuite à gauche en développant le bras gauche, le droit raccourci.

Continuer ainsi jusqu'au commandement de *Cessez.*

A ce commandement, ramener le bâton à sa position d'origine.

9e Exercice. — **Élever le bâton et l'abaisser en arrière, les pieds joints; en trois temps.**

184. Le professeur commande :

Attention.

Élevez et baissez le bâton en arrière, les pieds joints; en trois temps.

Un, deux, trois.

Cessez.

Fig. 39.

1. Élever le bâton au-dessus de la tête, les bras allongés.

2. Descendre le bâton en arrière du cou jusqu'au niveau des épaules.

3. L'élever ensuite, en allongeant les bras de toute leur longueur.

Continuer ainsi jusqu'au commandement de *Cessez*.

A ce commandement, revenir à la position d'origine.

10° Exercice. — **Flexion des jambes, les pieds réunis, et élévation du bâton au-dessus la tête; en quatre temps.**

185. Le professeur commande :

Attention.
Flexion des jambes, les pieds réunis, et élévation du bâton au-dessus de la tête; en quatre temps.
Un, deux, trois, quatre.
Cessez.

1. Rapprocher les pieds l'un de l'autre, abaisser le corps en pliant les jarrets, les talons élevés.

2. Se relever et porter le bâton à hauteur des épaules.

3. L'élever au-dessus de la tête, les bras allongés.

4. Le ramener à hauteur des épaules.

Continuer le mouvement, en partant de cette dernière position, jusqu'au commandement de *Cessez*.

A ce commandement, replacer le bâton à sa première position, et ouvrir la pointe des pieds.

11° EXERCICE. — **Mouvement de torsion du corps, à gauche et à droite, le bâton au-dessus de la tête; en trois temps.**

186. Le professeur commande :

Attention.
Mouvement de torsion à gauche et à droite, le bâton au-dessus de la tête; en trois temps.

UN, DEUX, TROIS.
CESSEZ.

1. Elever le bâton au-dessus de la tête, les bras allongés et écartés.

2. Tourner le corps vers la gauche, le bâton suivant son mouvement, de manière qu'en imprimant au corps ce mouvement

de torsion, chaque extrémité du bâton dé-

Fig. 40.

crive un arc de cercle horizontal au-dessus de la tête, les deux pieds fixés sur le sol.

3. Exécuter ce mouvement vers la droite, en sens inverse, et continuer jusqu'au commandement de *Cessez*.

A ce commandement, revenir à la position d'origine.

12e EXERCICE. — Flexion du corps en avant, et mouvemement vertical du bâton en avançant (en reculant); en quatre temps.

187. Le professeur commande :

Attention.
Flexion du corps en avant, et mouvement vertical du bâton, en avançant; en quatre temps.

UN, DEUX, TROIS, QUATRE.
HALTE.

Fig. 41.

1. Porter le pied gauche en avant, le jarret plié, la jambe droite tendue, incliner en même temps le haut du corps et porter vers le sol, en avant du pied gauche, le bâton tenu horizontalement.

2. Se redresser, porter le haut du corps en arrière, les jambes tendues, élever le bâton à hauteur des épaules.

3. Lever les bras verticalement et porter le bâton au-dessus de la tête.

4. Le ramener à hauteur des épaules.

Exécuter le même mouvement sur la jambe droite et le continuer, des deux jambes alternativement, en avançant, jusqu'au commandement de *Halte*.

Fig. 42.

A ce commandement, descendre le bâton à sa position d'origine, et ramener le pied qui est en arrière à côté de l'autre.

Cet exercice s'exécute aussi en reculant, d'après les principes prescrits ci-dessus.

13° EXERCICE. — **Passer le bâton par-dessus la tête, en marchant en avant et en arrière; en deux temps.**

188. Le professeur commande :

Attention.

Passez le bâton par-dessus la tête, en avant et en arrière, en marchant; en deux temps.

UN, DEUX.
HALTE.

Exécuter le quatrième exercice en marchant.

14e EXERCICE. — **Élever le bâton et le porter horizontalement au-dessus de la tête en marchant; en quatre temps.**

189. Le professeur commande :

Attention.
Élevez le bâton et portez-le horizontalement au-dessus de la tête, en marchant; en quatre temps.

UN, DEUX, TROIS, QUATRE.
HALTE.

1. Porter le pied gauche en avant, élever en même temps le bâton à hauteur des épaules.

2. Allonger les bras, élever le bâton verticalement et porter en même temps le pied droit en avant.

3. Ramener le bâton à hauteur des épaules et porter le pied gauche en avant.

4. Descendre le bâton à sa première position pour terminer sur le pied droit, et ainsi de suite jusqu'au commandement de *Halte*.

A ce commandement, ramener le pied droit à côté du gauche et reprendre la position d'origine.

15ᵉ Exercice. — **Élever le bâton et le porter horizontalement en avant, en marchant; en quatre temps.**

190. Le professeur commande :

Attention.
Élevez le bâton et portez-le horizontalement en avant, en marchant; en quatre temps.

Un, deux, trois, quatre.
Halte.

Exécuter le quatorzième exercice en portant au deuxième temps le bâton en avant au lieu de l'élever au-dessus de la tête.

Art. 3. — Exercices du bâton à deux élèves.

191. Les exercices qui comprennent des mouvements combinés donnent aux élèves la notion de solidarité dans l'exécution de ces exercices.

Ils apprennent à sentir les moindres mouvements de leurs camarades et à s'y conformer.

On aura soin de choisir des élèves de même taille pour les mettre face à face.

Les sections étant formées sur deux rangs, les élèves tenant le bâton comme il a été prescrit à l'article 2, le professeur fait ouvrir les rangs, puis les intervalles, en se conformant aux principes indiqués au n° 84 de la première partie du manuel, puis il commande :

Premier rang, demi-tour. — Droite.

Chaque élève présente ensuite à celle qui lui fait face le bâton de la main droite, et saisit avec la main gauche celui qui lui est présenté, les bras tombant naturellement, les bâtons horizontalement placés.

Pour éviter toute erreur, les élèves du premier rang commencent toujours le mouvement ordonné.

16e Exercice. — **Demi-cercles alternatifs à droite et à gauche; en deux temps.**

192. Le professeur commande :

Attention.

Fig. 43.

Demi-cercles alternatifs à droite et à gauche ; en deux temps.

Un, deux.

Cessez.

1. Élever le bâton au-dessus de la tête, le bras tendu.

2. Le ramener à sa première position.

Exécuter le même mouvement du côté opposé et continuer ainsi jusqu'au commandement de *Cessez*.

17e Exercice. — **Demi-cercles simultanés à droite et à gauche; en deux temps.**

193. Le professeur commande :

Attention.

Fig. 44.

Demi-cercles simultanés à droite et à gauche ; en deux temps.

UN, DEUX.
CESSEZ.

1. Élever les bâtons au-dessus de la tête, les bras tendus.

2. Les ramener à leur première position, et continuer ainsi jusqu'au commandement de *Cessez*.

Cet exercice peut également se faire en marchant.

18ᵉ EXERCICE. — **Flexion des jambes et demi-cercles simultanés sur les côtés; en deux temps.**

194. Le professeur commande :

Attention.
Flexion des jambes et demi-cercles simultanés; en deux temps.

UN, DEUX.
CESSEZ.

1. Joindre les pieds, fléchir le plus possible les extrémités inférieures, les talons élevés, les bras restant à leur position.

2. Se relever graduellement, porter les bâtons au-dessus de la tête, les bras tendus.

Répéter le même exercice, en partant de cette dernière position, et continuer jusqu'au commandement de *Cessez*.

A ce commandement, abaisser les bâtons et reprendre la première position.

19° Exercice. — **Porter alternativement les bâtons près des épaules et sur les côtés, en avançant le pied correspondant; en quatre temps.**

195. Le professeur commande :

Attention.

Portez alternativement les bâtons près des épaules et sur les côtés, en avançant le pied correspondant; en quatre temps.

Un, deux, trois, quatre.

Cessez.

1. Plier le bras et porter le bâton à hauteur de l'épaule.

2. Le porter horizontalement sur le côté et avancer en même temps le pied correspondant, le jarret plié, la pointe du pied légèrement ouverte.

3. Ramener le bâton à l'épaule, détacher du sol le pied qui est sur le côté.

4. Descendre le bâton à la première position et rapporter le pied qui est levé à côté de l'autre.

Exécuter le même exercice du côté opposé et continuer jusqu'au commandement de *Cessez.*

20° EXERCICE. — **Cercles verticaux alternatifs (simultanés) sur les côtés; en deux temps.**

196. Le professeur commande :

Attention.
Cercles verticaux alternatifs (simultanés) sur les côtés; en deux temps.
UN, DEUX.
CESSEZ.

1. Imprimer au poignet un mouvement de propulsion en dedans; développer le bras en portant le bâton au-dessus de la tête.

2. Continuer de faire décrire au bâton un cercle sur le côté, le bras tendu, et revenir à la première position.

Exécuter le même exercice du côté opposé, et continuer jusqu'au commandement de *Cessez.*

21° Exercice. — **Mouvement alternatif (simultané) et continu des bâtons en avant et en arrière; en deux temps.**

197. Le professeur commande :

Attention.
Mouvement alternatif (simultané) et continu des bâtons en avant et en arrière ; en deux temps.
En position.
Un, deux.
Cessez.

1. Porter le pied droit en avant, et en même temps le bras droit également en avant, le corps restant droit, le bras gauche en arrière et suivant le mouvement du bâton.

2. Porter de même le bras gauche en avant, le bras droit en arrière et suivant le mouvement du bâton.

Continuer cet exercice jusqu'au commandement de *Cessez.*

A ce commandement, rapporter le pied droit, qui est en avant, à côté de l'autre, et reprendre la position d'origine.

Cet exercice s'exécute aussi le pied gauche en avant.

22e Exercice. — **Demi-cercle sur le côté, le pied gauche (droit) en avant; en deux temps.**

198. Le professeur commande :

Attention.
Demi-cercle sur le côté, le pied gauche (droit) en avant; en deux temps.
En position.
Un, deux.
Cessez.

Au commandement de *En position*, porter le pied gauche (droit) en avant.

1. Élever latéralement le bras opposé à la jambe placée en avant, et le porter verticalement au-dessus de la tête, en décrivant un demi-cercle.

2. Baisser le bras et élever simultanément l'autre bras en décrivant la même figure.

Continuer ainsi jusqu'au commandement de *Cessez*.

A ce commandement, replacer le bâton à sa première position.

Même exercice en sens inverse.

23ᵉ EXERCICE. — **Mouvement vertical et alternatif des bâtons, le corps faisant chaque fois demi-tour ; en deux temps.**

199. Les élèves étant placées, le professeur commande :

Mouvement vertical et alternatif des bâtons, le corps faisant demi-tour.
UN, DEUX.
CESSEZ.

1. Le premier rang fait un demi-pas à

Fig. 45.

droite, le second rang un demi-pas à gauche.

2. Le premier rang élève le bras gauche, le second rang la main droite en portant le bâton au-dessus de la tête et en exécutant un demi-tour à gauche pour le premier rang, un demi-tour à droite pour le second rang, de façon que les élèves se trouvent dos à dos.

3. Revenir à la première position.

Recommencer et continuer ainsi jusqu'au commandement de *Cessez.*

A ce commandement, revenir à la première position. Cet exercice est facile à exécuter, il est gracieux et donne au corps de l'équilibre et de bonnes attitudes.

Ces exercices terminés, le professeur commande :

Rassemblement.

A ce commandement, tous les élèves replacent le bâton dans la main droite, et exécutent le rassemblement.

CHAPITRE II.

EXERCICES AUX AGRÈS.

ART. 1er. — ÉCHELLE DE CORDE.

Monter par une échelle de corde à l'aide des pieds et des mains, et descendre.

200. Saisir avec les mains, à égale hauteur au-dessus de la tête, les montants de l'échelle, poser les pieds sur un échelon, les genoux en dehors des montants, le poids du corps portant sur le bord externe de la plante des pieds; élever la main gauche le long du montant; porter en même temps le pied droit sur un échelon supérieur, faire le même mouvement avec les autres extrémités, et continuer alternativement ainsi, en ayant soin de maintenir le corps rapproché autant que possible de l'échelle, la tête droite.

Fig. 46.

Descendre d'après les mêmes principes.

Art. 2. — Échelles de bois, horizontale, inclinée et orthopédique.

1° Échelle horizontale.

(4 exercices.)

1er Exercice. — **Se porter vers la droite (ou vers la gauche) par un montant; en deux temps.**

201. 1. Se suspendre par les mains à un seul montant, de manière à avoir la longueur de l'échelle à sa gauche, les mains éloignées à la largeur des épaules, les jambes réunies, la pointe des pieds baissée.

2. Faire effort des bras, porter la main droite près de la gauche, en la faisant glisser le long du montant, déplacer ensuite la main gauche, la porter à gauche, à 35 centimètres environ; reporter la main droite près de la gauche et continuer ainsi jusqu'au bout de l'échelle, en conservant les bras raccourcis et les jambes réunies. Revenir ensuite vers la droite par les mêmes principes et par les moyens inverses.

L'exercice terminé, quitter l'échelle et toucher terre d'après les principes indiqués.

Cet exercice se fait aussi les bras allongés quand l'élève n'est pas assez avancée.

2e Exercice. — **Se porter en avant (en arrière) par les deux montants ; en deux temps.**

Fig. 47.

202. Se placer sous l'échelle, de manière à avoir la longueur à parcourir devant soi (ou derrière), et saisir les montants des deux mains.

1. Se diriger en avant, en déplaçant une main, les bras raccourcis, les jambes allongées et réunies, en évitant de balancer le corps.

2. Exécuter avec l'autre main ce qui vient d'être dit pour la première.

Étant arrivée à l'extrémité de l'échelle, sauter à terre d'après les principes.

3e Exercice. — **Se porter vers la droite (vers la gauche), en plaçant alternativement les mains sur chaque échelon ; en deux temps.**

203. Se placer sous l'une des extrémités

Fig. 48.

de l'échelle, de manière à avoir l'autre extrémité à sa droite, élever les bras, faire effort des jarrets et saisir deux échelons, les ongles se faisant face en laissant un échelon libre entre les mains, élever ensuite le corps à la force des bras, les jambes allongées et réunies.

Cette position étant prise : 1. Lâcher la main gauche et la placer sur l'échelon libre. 2. Porter ensuite la main droite sur l'échelon suivant, vers la droite, et continuer ainsi jusqu'à l'extrémité de l'échelle ; revenir vers la gauche, d'après les mêmes principes.

4e EXERCICE. — **Se porter en avant, puis en arrière, en posant alternativement les mains sur chaque échelon ; en un temps.**

204. Se placer sous l'échelle de manière à avoir toute la longueur à parcourir devant soi; s'y suspendre en fixant les mains au même échelon, les pouces en dessous, les bras raccourcis, les jambes allongées et réunies, la pointe des pieds baissée; saisir ensuite des deux mains alternativement le premier échelon qui est devant soi et avancer ainsi d'échelon en échelon jusqu'à l'extrémité de l'échelle.

2° ÉCHELLE INCLINÉE.

(6 exercices.)

1er Exercice. — **Monter par devant, à l'aide des mains et des pieds, et descendre de la même manière.**

205. Faire face à l'échelle, saisir les montants à hauteur des épaules, placer en même temps le pied droit (gauche) sur le premier échelon, élever la main droite (gauche) et le pied gauche (droit) pour les porter plus haut, le poids du corps sur le pied gauche (droit), et continuer ainsi.

Cet exercice peut s'exécuter en faisant agir les extrémités du même côté.

Pour descendre, faire mouvoir alternativement les extrémités droites et les extrémités gauches d'après les principes indiqués ci-dessus.

2e Exercice. — **Monter par devant l'échelle à l'aide des mains et des pieds, passer derrière, et réciproquement; en trois temps.**

206. 1. Étant montée sur le devant de l'échelle, réunir les pieds contre le montant de droite et saisir ce même montant avec la main droite à hauteur des épaules, la main gauche remplaçant la droite.

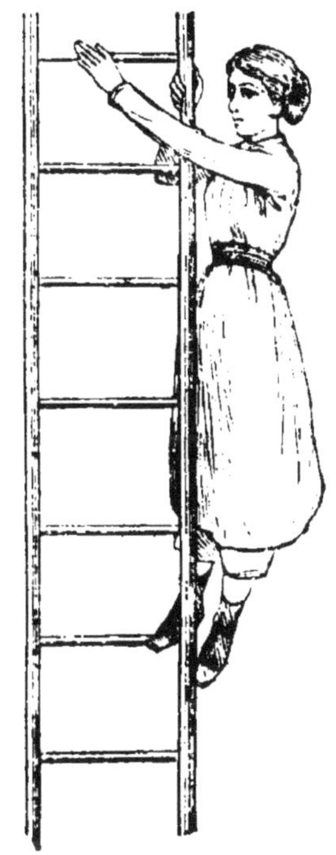
Fig. 49.

2. Faire tourner le corps autour du montant en lâchant celui-ci de la main droite, qui ira se placer au même échelon par-dessus et contre l'autre montant, détacher la jambe droite et poser le pied de l'autre côté de l'échelle, sur le même échelon.

3. Achever de faire passer le corps autour du montant en plaçant le pied et la main gauches.

Passer par devant l'échelle par les mêmes procédés.

Pour descendre, faire mouvoir simultanément et par paires en diagonale les extrémités droites et gauches d'après les principes prescrits à l'article précédent.

3ᵉ Exercice. — **Monter par derrière l'échelle avec les mains et les pieds ; en deux temps.**

207. Étant placée au-dessous et face à l'échelle, saisir l'échelon le plus élevé possible avec la main droite, et placer le pied gauche sur un échelon du bas, contre le montant, le genou en dehors.

Fig. 50.

2. Faire effort du bras droit, porter le poids du corps sur le pied gauche, placer le pied droit sur l'échelon supérieur, de la même manière que le gauche, en saisissant avec la main gauche l'échelon au-dessus, et monter par les extrémités opposées.

Cet exercice s'exécute encore en saisissant les montants avec les mains.

Pour descendre, faire mouvoir alternativement les extrémités droites et gauches, d'après les principes qui viennent d'être indiqués.

4° EXERCICE. — **Monter aux échelons en plaçant les mains l'une après l'autre sur le même échelon.**

208. Cet exercice et les suivants s'exécutent à l'aide des mains seulement.

Étant derrière l'échelle et lui faisant face, saisir, les pouces en dessous, l'échelon le plus élevé qu'on peut atteindre, faire effort des poignets pour élever le corps le plus possible, porter la main droite à l'échelon supérieur, le bras gauche restant raccourci, le coude près du corps, détacher ensuite la main gauche, la porter sur l'échelon déjà occupé par la main droite, et continuer de monter ainsi d'échelon en échelon, en conservant le corps droit, les jambes réunies et la pointe des pieds baissée.

Pour descendre, l'élève se conforme aux mêmes principes.

5° EXERCICE. — **Monter aux échelons en plaçant les mains l'une après l'autre sur un échelon différent.**

209. Cet exercice s'exécute comme le précédent, avec cette différence qu'il faut placer les mains l'une après l'autre sur un échelon différent.

Descendre d'après les mêmes règles.

6e EXERCICE. — **Monter en saisissant un échelon d'une main et un montant de l'autre.**

Fig. 51.

210. Étant placée derrière l'échelle et lui faisant face, saisir avec la main droite (gauche) le montant qui est à droite (gauche) et avec la main gauche (droite) l'échelon qui est au-dessus de la main droite (gauche), monter en portant tour à tour la main droite (gauche) plus haut sur le montant et la main gauche (droite) sur l'échelon suivant, en maintenant le corps droit, les jambes réunies.

Descendre en se conformant aux mêmes principes.

3° ÉCHELLE ORTHOPÉDIQUE (1).

(4 exercices.)

1er Exercice. — **Monter en plaçant les pieds alternativement sur les échelons, les mains étant placées au-dessus de la tête, et descendre de même.**

211. Se placer le dos sur l'échelle, saisir les montants des deux mains, porter le pied gauche sur le premier échelon, faire effort de la jambe gauche jusqu'à ce qu'elle soit allongée, et placer aussitôt le pied droit sur l'échelon correspondant. Ensuite élever les mains l'une après l'autre au-dessus de la tête et saisir deux échelons au même niveau, la paume en avant. Cette position étant prise, porter les pieds alternativement sur les échelons supérieurs, s'élever de nouveau jusqu'à ce que les jambes soient allongées, saisir ensuite des deux mains les échelons supérieurs de même hauteur et continuer ainsi jusqu'au haut de l'échelle.

Descendre par les moyens inverses.

(1) L'échelle sera inclinée de 20 à 45 degrès, selon la la force des élèves.

Cet exercice s'exécute aussi en plaçant les pieds simultanément sur les échelons.

2e EXERCICE. — **Monter en soutenant le corps par les mains et descendre de même.**

212. Les pieds étant placés sur les deux premiers échelons, saisir des deux mains les échelons qui se trouvent à sa portée, les bras allongés, la paume des mains en avant, la tête élevée. Placer ensuite les pieds, l'un après l'autre, sur le milieu de l'échelle, et se suspendre par les mains. Après un temps bien marqué, porter alternativement les pieds sur les échelons supérieurs, faire monter le corps en se grandissant sur les jarrets, saisir alternativement de chaque main les échelons placés immédiatement au-dessus

Fig. 52.

de ceux qu'on vient de quitter, se suspendre de nouveau par les mains et continuer ainsi.

Pour descendre, placer d'abord les mains sur les échelons inférieurs, dégager les pieds et se suspendre au milieu de l'échelle; fixer ensuite les pieds sur les échelons inférieurs et continuer de descendre ainsi.

Cet exercice s'exécute aussi en plaçant les pieds simultanément sur les échelons.

3ᵉ Exercice. — **Monter en se suspendant par la main droite (gauche), la gauche (droite) fixée à un échelon inférieur, le bras tendu.**

213. Les pieds étant placés sur les deux premiers échelons, élever la main droite (gauche) au-dessus de la tête, saisir l'échelon qui est le plus à sa portée, la paume de la main en avant, et placer la main gauche (droite) à un échelon inférieur, le bras allongé, le dessus de la main en avant; ensuite réunir les pieds au milieu de l'échelle, comme il est indiqué aux exercices précédents.

Rester un instant dans cette position,

placer les pieds sur les échelons immédiatement au-dessus, s'élever successivement d'un échelon et continuer ainsi.

Fig. 53.

Descendre de la même manière, en faisant agir d'abord les mains, ensuite les jambes.

4° EXERCICE. — **Monter en soutenant le corps par les mains et descendre de même en élevant chaque fois les jambes tendues en avant.**

214. Étant suspendue comme il est indiqué au deuxième exercice, porter les jambes tendues en avant, les pieds réunis, et rester un instant dans cette position.

Laisser tomber ensuite les jambes lentement, élever les pieds puis les mains sur les échelons supérieurs; se suspendre de nouveau les jambes en avant et continuer de monter ainsi jusqu'au haut de l'échelle.

Descendre de la même manière.

ART. 3. — BARRES PARALLÈLES.

215. Les exercices aux barres parallèles fortifient les extenseurs des bras et du tronc; ils assouplissent l'articulation de l'épaule, les vertèbres dorsales, développent la cage thoracique et font acquérir à l'élève une sûreté d'attitude qui lui permet de se maintenir en équilibre sur les poignets.

Cet article comprend 6 exercices.

1er Exercice. — **Support sur les poignets.**

216. Se placer entre les barres, en

Fig. 54.

saisir une de chaque main, le pouce en dedans et les doigts en dehors; élever le corps en faisant effort sur les poignets, la tête droite, les jambes pendantes, les pieds joints, et se soutenir dans cette position le plus longtemps possible.

Cet exercice peut être exécuté par plusieurs élèves à la fois.

2ᵉ EXERCICE. — **Se porter en avant** (*ou* **en arrière**) **par un mouvement alternatif des mains; en deux temps.**

217. 1. Soutenue sur les poignets, les bras tendus, porter la main droite en avant à environ 9 ou 10 centimètres, le poids du corps reposant sur la main gauche. (Fig. 55.)

2. Exécuter le même mouvement pour faire avancer la main gauche, et continuer

Fig. 55.

ainsi jusqu'à l'extrémité des barres et sauter à terre.

3° Exercice. — **Descendre le corps et le remonter par la flexion et l'extension des bras ; en deux temps.**

218. 1. Soutenue sur les poignets entre les barres, fléchir lentement les bras, descendre le corps en pliant les jambes, pour éviter de toucher la terre. Remonter le corps en faisant effort sur les poignets.

2. Répéter plusieurs fois ce mouvement.

Dans les commencements, l'élève ne

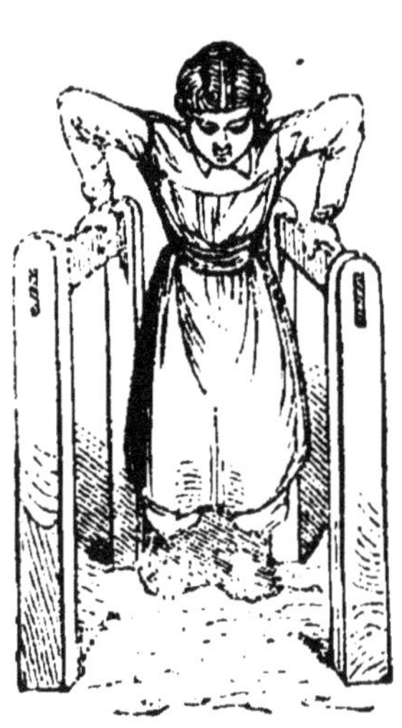

Fig. 56.

fléchit que très peu les bras. Lorsqu'elle est bien exercée, elle descend le corps le plus possible.

4° Exercice. — **Balancer les jambes en avant et en arrière.**

219. Soutenue sur les poignets, balancer lentement les jambes en avant, puis

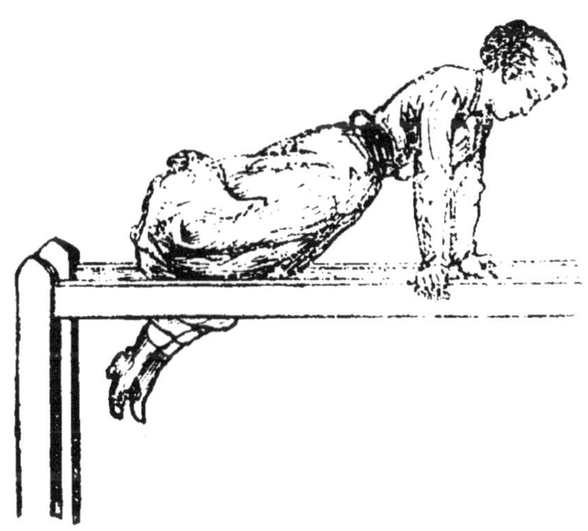

Fig. 57.

en arrière, en creusant les reins, augmenter progressivement, puis diminuer l'amplitude des oscillations.

220. *S'asseoir et sauter à terre, en trois temps.*

1. Porter les jambes réunies sur l'une ou l'autre barre en ramenant l'autre main

sur la même barre, près et à côté de la cuisse, pour s'asseoir.

Fig. 58.

2. Imprimer aux jambes un léger balancement en arrière.

3. Prendre l'appui sur les poignets, et sauter en se repoussant avec les mains.

5° EXERCICE. — **Porter les jambes réunies sur une barre, puis directement sur la barre opposée, en avant ou en arrière ; en deux temps.**

221. 1. Soutenue sur les poignets, prendre un balancement en avant (en arrière) pour porter les jambes en les fléchissant sur l'une ou l'autre barre.

2. Allonger les jambes et les ramener directement sur la barre opposée par un léger balancement aidé d'un effort simultané du corps et des poignets, les porter ensuite sur la barre en les fléchissant.

Sauter à terre en arrière par voltige; en trois temps.

222. 1. Ramener l'une ou l'autre main sur la même barre pour s'asseoir.

2. Faire face à la barre, en s'appuyant sur le ventre et sur les poignets, les bras tendus, fléchir légèrement sur les bras, et imprimer aux jambes un léger balancement en avant, en les portant sous la barre.

3. Prendre appui sur le corps et sur les poignets, lancer les jambes en arrière en tendant les bras, et sauter en se repoussant avec les mains.

6e EXERCICE. — **Franchir avec balancement une barre en arrière (*ou* en avant); en trois temps.**

223. 1. Soutenue sur les poignets, élever les jambes en avant, le corps fléchi, les bras fixes, tendus, le corps pivotant sur l'articulation des épaules.

2. Reporter les jambes en arrière en creusant les reins.

3. Porter vivement, en profitant du balancement, le corps en dehors d'une barre en arrière du poignet, et par une vive impulsion des reins lancer les jambes pour tomber à terre.

Pour franchir en avant, en trois temps, ramener les jambes en avant, et agir comme ci-dessus, en portant vivement le corps en dehors d'une barre en avant du poignet.

224. Cet exercice s'exécute en deux temps.

1. Entrer dans les barres en courant, se supporter sur les mains, lancer les jambes en avant par-dessus la barre droite.

2. Tomber à terre; se lancer à terre en avant, vers la gauche, d'après les mêmes principes.

www.ingramcontent.com/pod-product-compliance
Ingram Content Group UK Ltd.
Pitfield, Milton Keynes, MK11 3LW, UK
UKHW021146260726
13994UKWH00001B/326